超加速経済アフリカ

椿 進
Susumu Tsubaki

LEAPFROG
で変わる未来の
ビジネス地図

東洋経済新報社

人類発祥の地「アフリカ」がいよいよ来た！　アフリカ最前線での事業と投資からのレポートだ。社会課題が山積されつつも、いよいよ高度成長期の入り口に入ってきた。実は日本人は答えを知っている。50年前の日本、25年前の中国、10年前のインドがそこにあるからだ。30年前のアフリカのままの頭をこの本で切り替えて、今のアフリカを刮目して見よ！

大前研一

東部アフリカ（14カ国）

ウガンダ共和国
首都：カンパラ
人口：4427万人

エチオピア連邦民主共和国
首都：アディスアベバ
人口：1億1208万人

エリトリア国
首都：アスマラ
人口：350万人

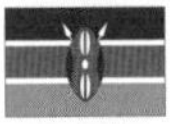

ケニア共和国
首都：ナイロビ
人口：5257万人

コモロ連合
首都：モロニ
人口：85万人

マダガスカル共和国
首都：アンタナナリボ
人口：2697万人

南スーダン共和国
首都：ジュバ
人口：1106万人

ソマリア連邦共和国
首都：モガディシュ
人口：1544万人

タンザニア連合共和国
首都：ドドマ
人口：5801万人

ジブチ共和国
首都：ジブチ
人口：97万人

モーリシャス共和国
首都：ポートルイス
人口：127万人

ルワンダ共和国
首都：キガリ
人口：1263万人

スーダン共和国
首都：ハルツーム
人口：4281万人

セーシェル共和国
首都：ビクトリア
人口：10万人

中部アフリカ（9カ国）

ガボン共和国
首都：リーブルビル
人口：217万人

カメルーン共和国
首都：ヤウンデ
人口：2588万人

コンゴ共和国
首都：ブラザビル
人口：538万人

チャド共和国
首都：ンジャメナ
人口：1595万人

中央アフリカ共和国
首都：バンギ
人口：475万人

ブルンジ共和国
首都：ブジュンブラ
人口：1153万人

コンゴ民主共和国
首都：キンシャサ
人口：8679万人

サントメ・プリンシペ民主共和国
首都：サントメ
人口：22万人

赤道ギニア共和国
首都：マラボ
人口：136万人

南部アフリカ（10カ国）

ボツワナ共和国
首都：ハボロネ
人口：230万人

アンゴラ共和国
首都：ルアンダ
人口：3183万人

ザンビア共和国
首都：ルサカ
人口：1786万人

ジンバブエ共和国
首都：ハラレ
人口：1465万人

エスワティニ王国
首都：ムババーネ
人口：115万人

ナミビア共和国
首都：ウィントフック
人口：249万人

レソト王国
首都：マセル
人口：213万人

マラウイ共和国
首都：リロングウェ
人口：1863万人

南アフリカ共和国
首都：プレトリア
人口：5856万人

モザンビーク共和国
首都：マプト
人口：3037万人

アフリカ地図（54カ国）

北部アフリカ（6カ国）

アルジェリア民主人民共和国
首都：アルジェ
人口：4305万人

エジプト・アラブ共和国
首都：カイロ
人口：1億39万人

モロッコ王国
首都：ラバト
人口：3647万人

モーリタニア・イスラム共和国
首都：ヌアクショット
人口：453万人

リビア
首都：トリポリ
人口：678万人

チュニジア共和国
首都：チュニス
人口：1169万人

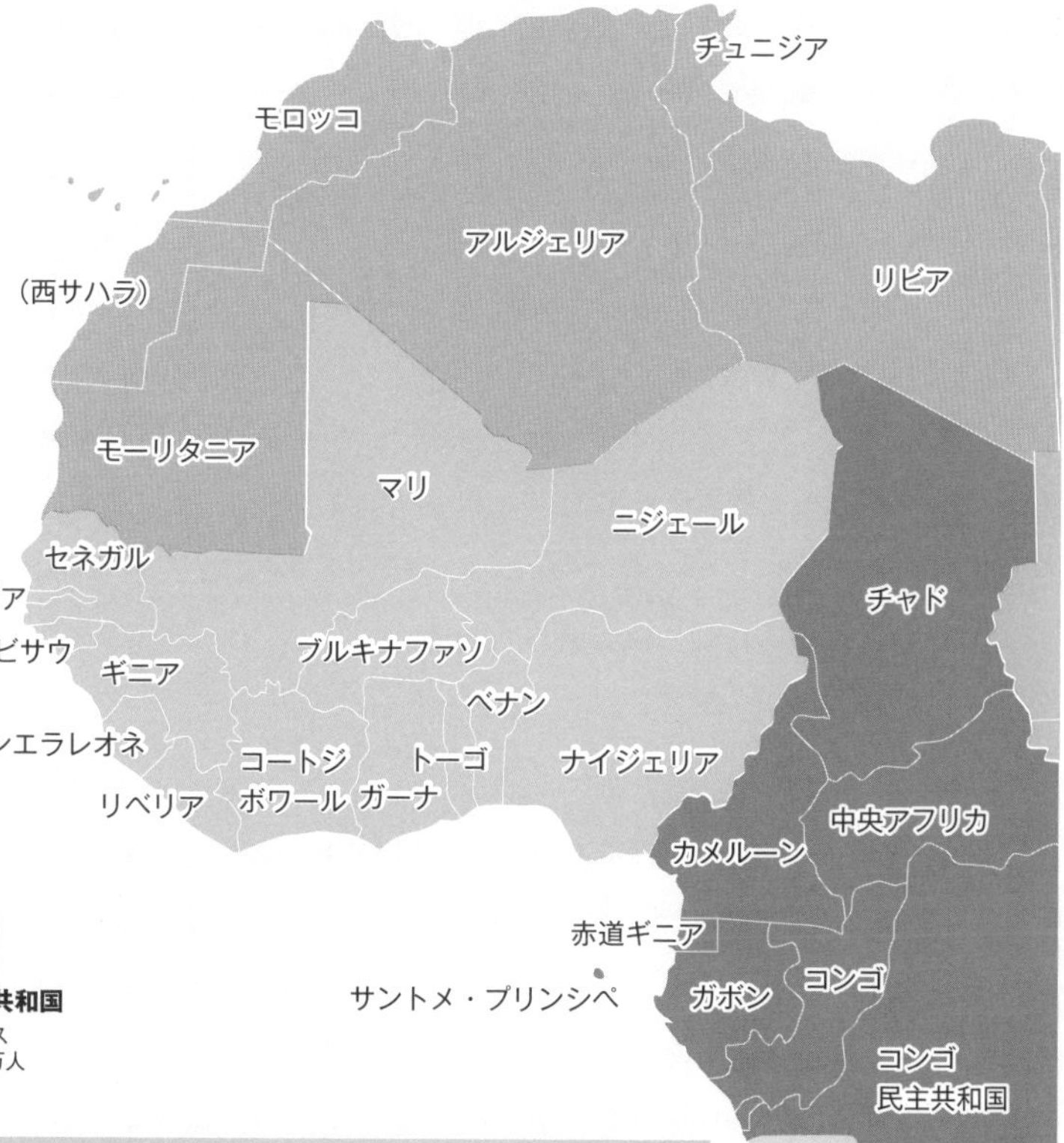

西部アフリカ（15カ国）

ガーナ共和国
首都：アクラ
人口：3042万人

カーボベルデ共和国
首都：プライア
人口：55万人

ガンビア共和国
首都：バンジュール
人口：235万人

ギニア共和国
首都：コナクリ
人口：1277万人

ギニアビサウ共和国
首都：ビサウ
人口：192万人

シエラレオネ共和国
首都：フリータウン
人口：781万人

セネガル共和国
首都：ダカール
人口：1630万人

トーゴ共和国
首都：ロメ
人口：808万人

ニジェール共和国
首都：ニアメ
人口：2331万人

ブルキナファソ
首都：ワガドゥグ
人口：2032万人

ベナン共和国
首都：ポルトノボ
人口：1180万人

マリ共和国
首都：バマコ
人口：1966万人

ナイジェリア連邦共和国
首都：アブジャ
人口：2億96万人

コートジボワール共和国
首都：ヤムスクロ
人口：2572万人

リベリア共和国
首都：モンロビア
人口：494万人

注：人口は2019年の推定値。
出所：国連、外務省のデータを基にAAIC作成。

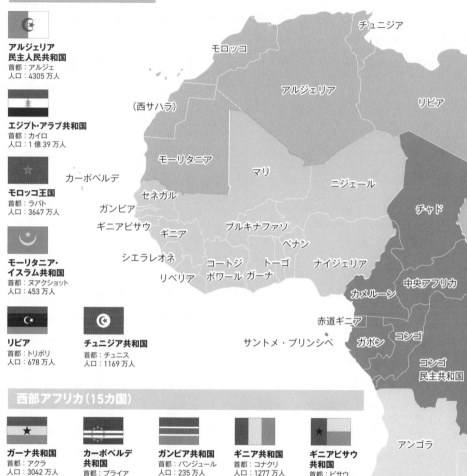

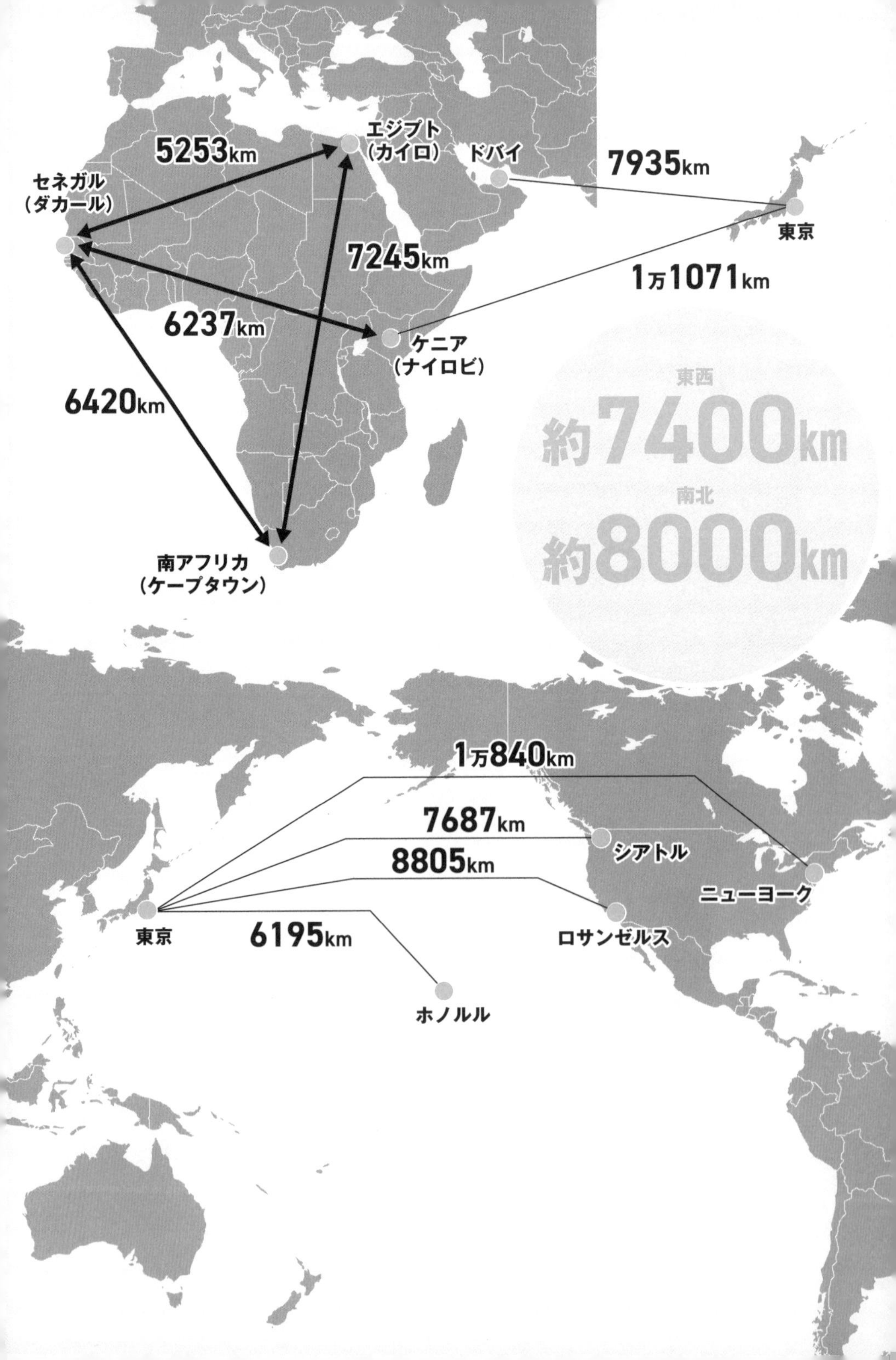
エジプト
（カイロ）
5253km
ドバイ
7935km
セネガル
（ダカール）
東京
7245km
1万1071km
6237km
ケニア
（ナイロビ）
6420km
東西
約7400km
南北
約8000km
南アフリカ
（ケープタウン）
1万840km
7687km
シアトル
8805km
ニューヨーク
東京
6195km
ロサンゼルス
ホノルル

アフリカの面積と距離

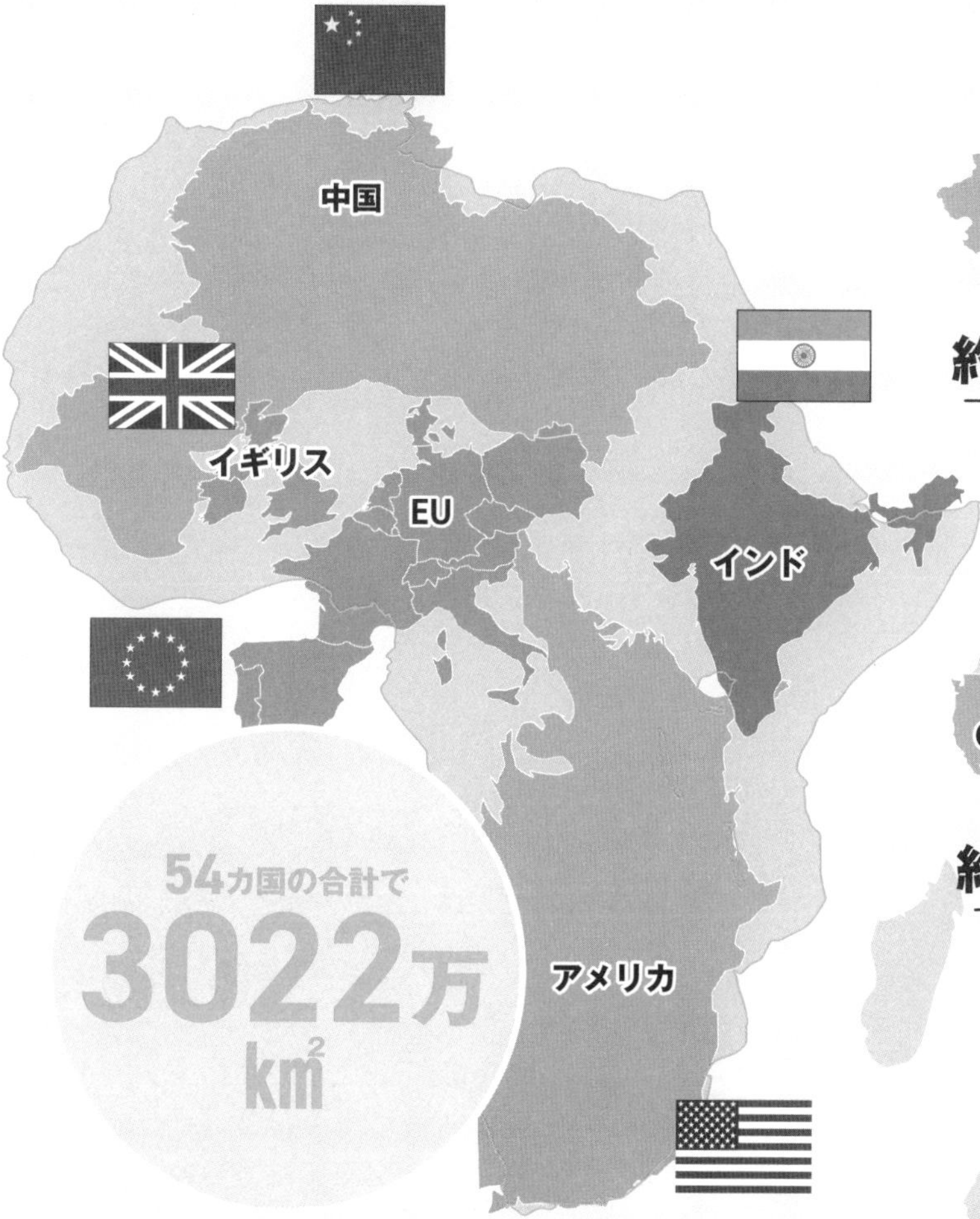

	面積 1000km²
アフリカ（54カ国）	30,220
日本	378
米国	9,834
中国	9,597
インド	3,287
EU	4,274

上位10カ国	面積 1000km²
アルジェリア	2,382
コンゴ民主共和国	2,345
スーダン	1,861
リビア	1,760
チャド	1,284
ニジェール	1,267
アンゴラ	1,247
マリ	1,240
南アフリカ	1,219
エチオピア	1,104

出所：IMF、Kai Krause、外務省のデータを基に AAIC 作成。

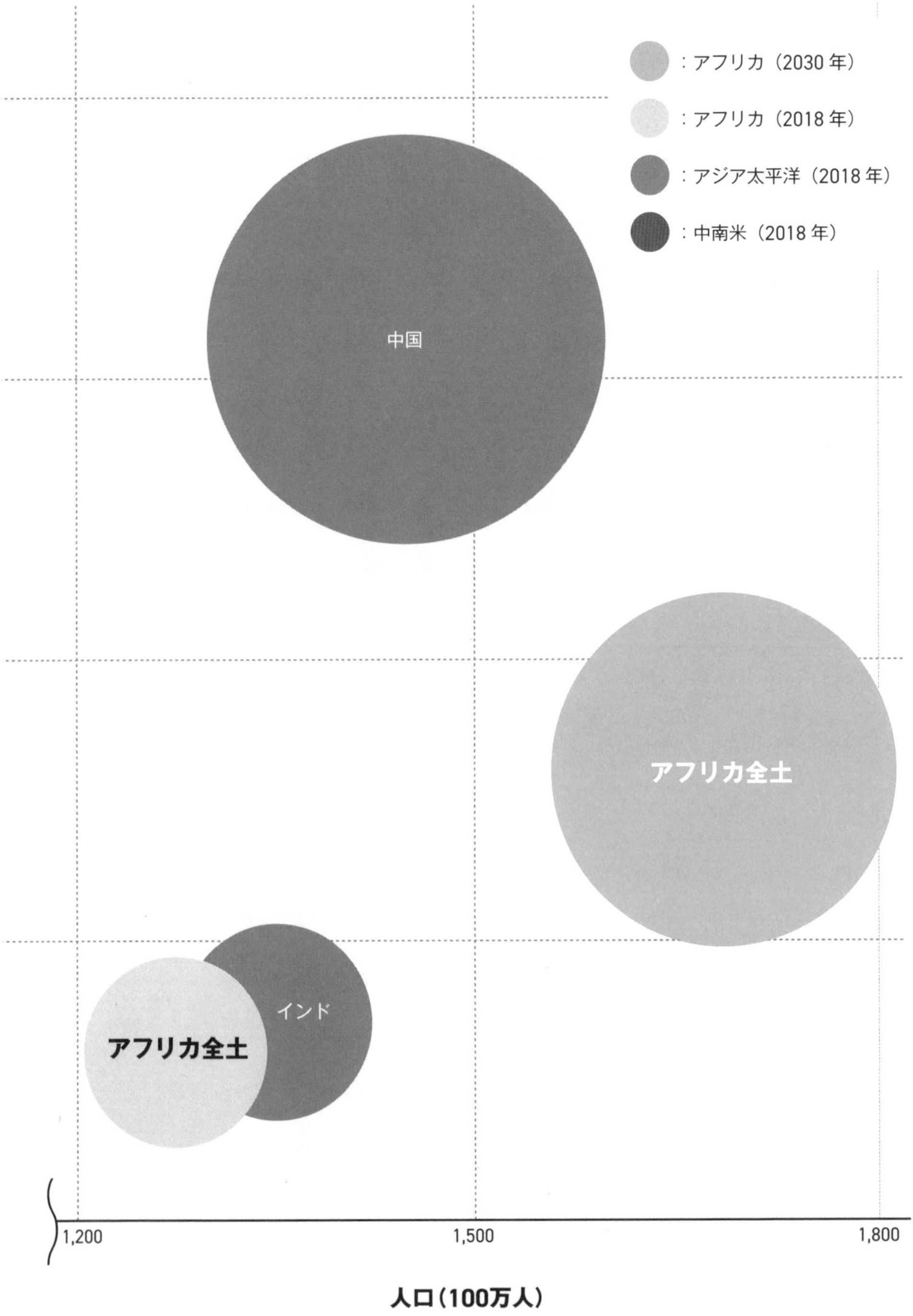

：アフリカ（2030 年）
：アフリカ（2018 年）
：アジア太平洋（2018 年）
：中南米（2018 年）
中国
アフリカ全土
インド
アフリカ全土
1,200
1,500
1,800
人口（100万人）

アフリカの一人当たりGDPと人口

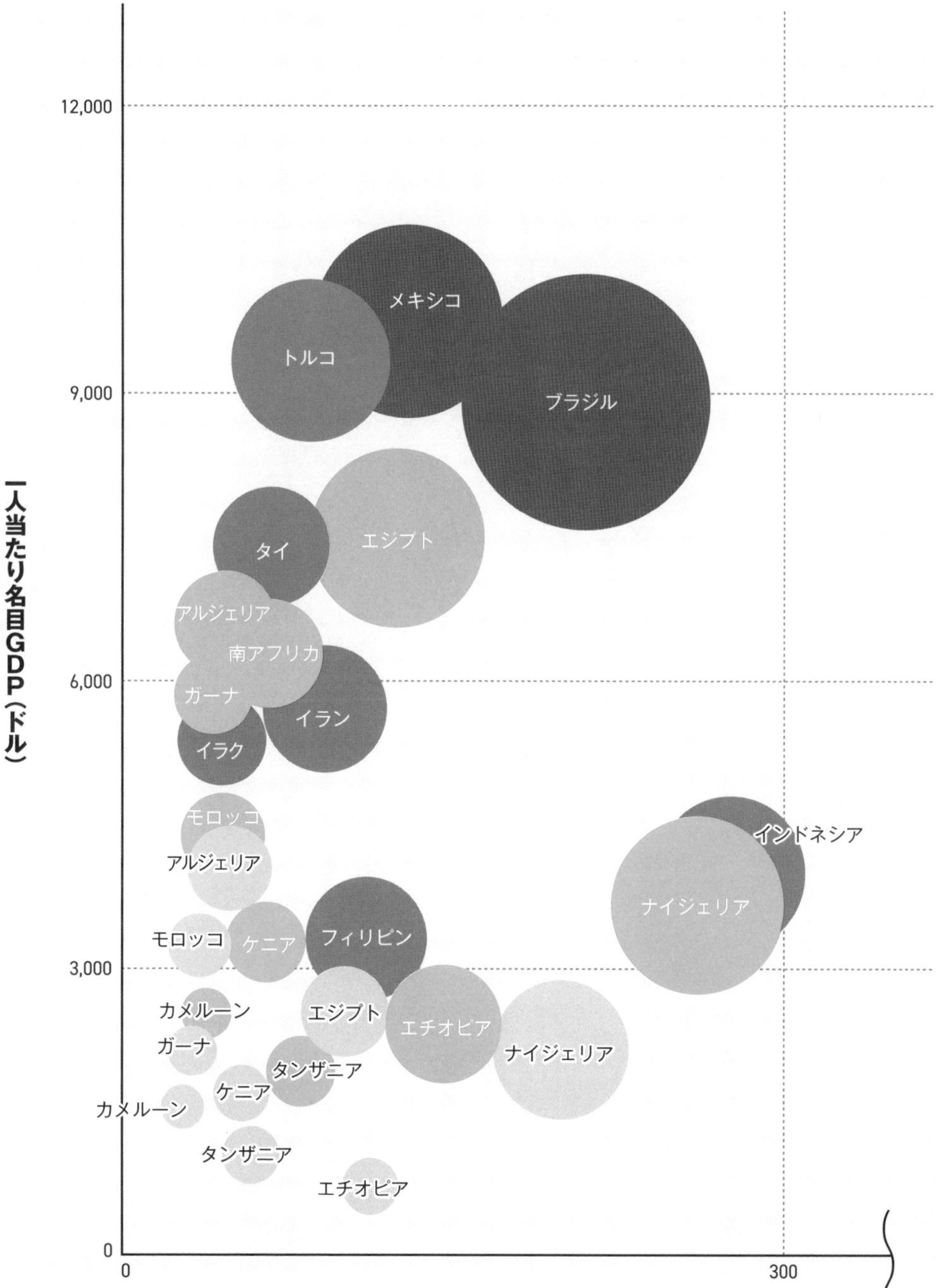

注：バブルの大きさは2018年の名目GDP。
出所：世界銀行のデータ、BMI Research, Oxford Economics, 国連の予測を基にAAIC作成。

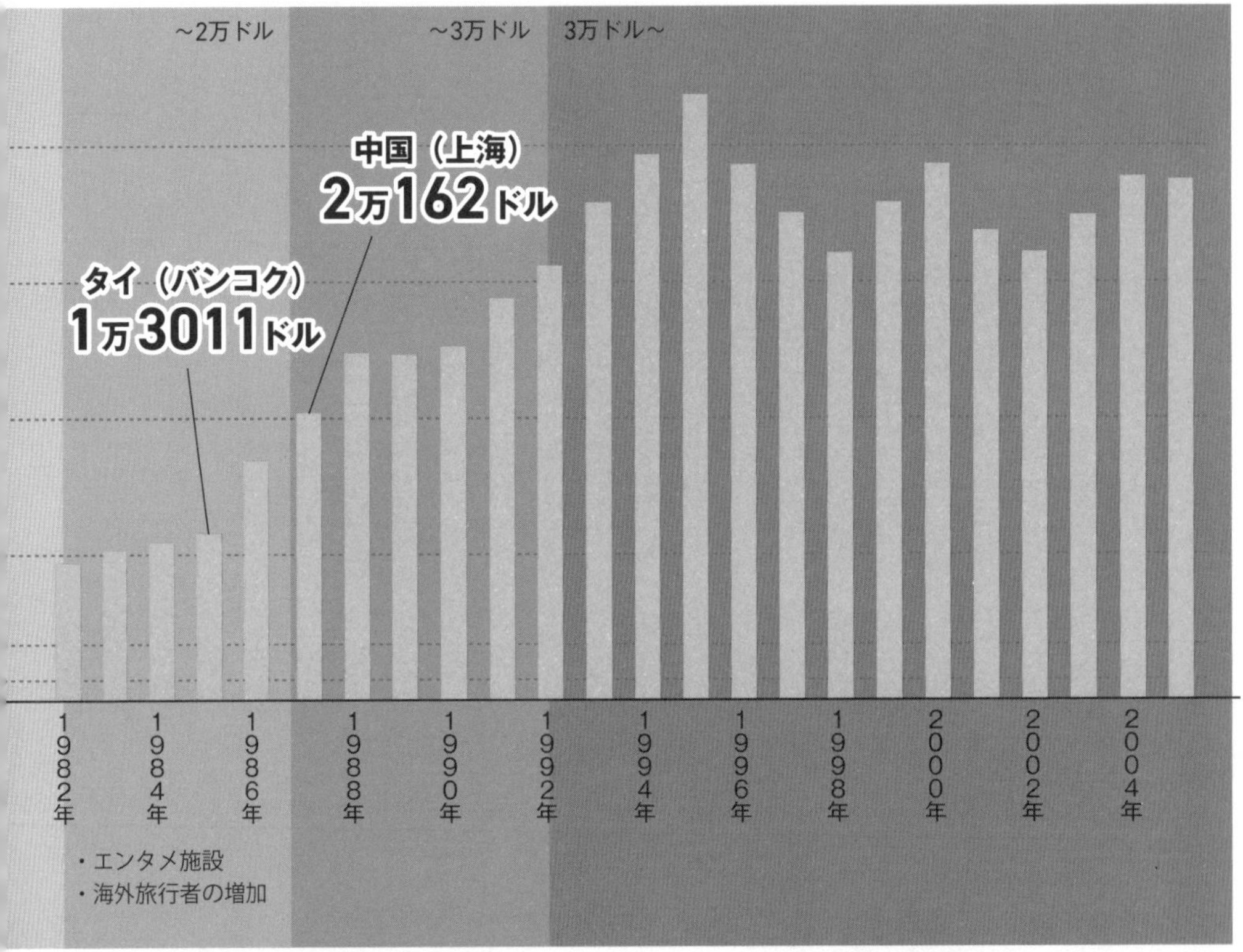

バブル　　低成長期

中央道全線開通、東北・上越新幹線開通

東京ディズニーランド開業

関越道全線開通

六本木アークヒルズ開業

海外旅行者500万人

安田火災「ひまわり」購入

ドン・キホーテ1号店

三菱地所「ロックフェラーセンタービル」買収

海外旅行者1000万人

ペブルビーチ買収

海外旅行者1500万人

東京国際空港（羽田空港）の再国際化

六本木ヒルズ開業

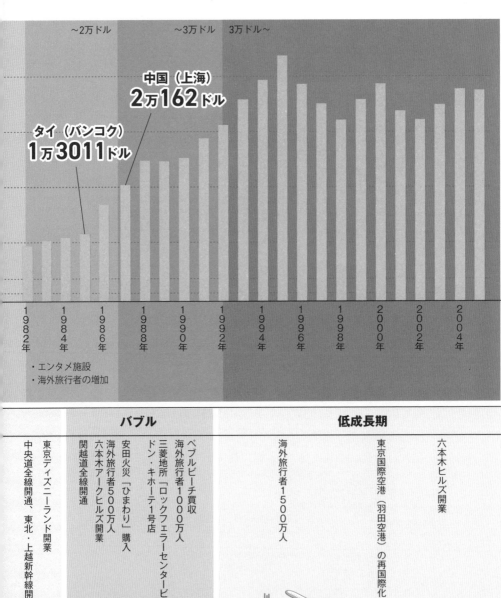

時代換算マップ（現在のアフリカと過去の日本の比較）

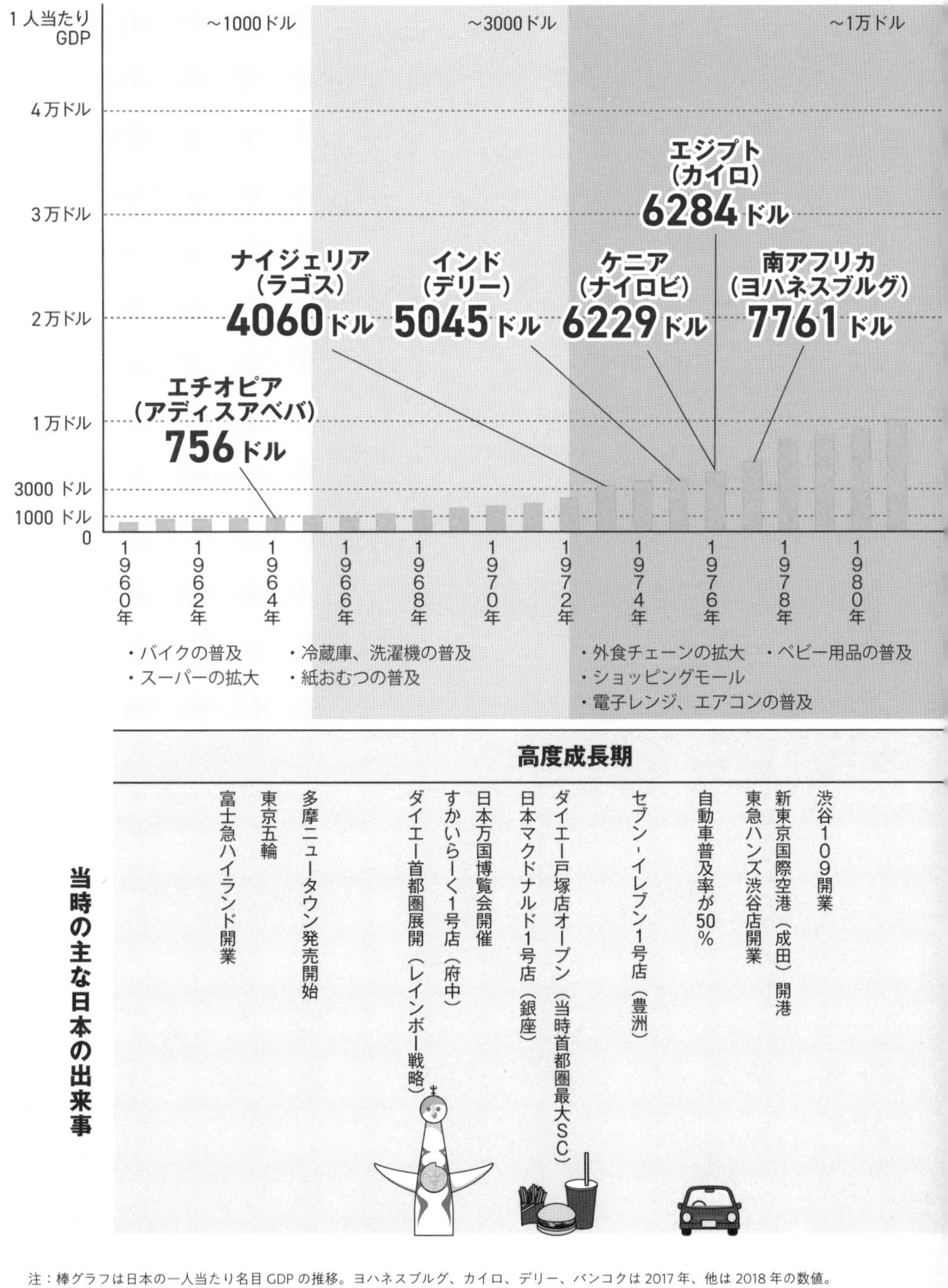

注：棒グラフは日本の一人当たり名目 GDP の推移。ヨハネスブルグ、カイロ、デリー、バンコクは 2017 年、他は 2018 年の数値。
出所：内閣府、IMF のデータ、C-GIDD、各種報道を基に AAIC 作成。

妊産婦死亡率（10万人当たり）

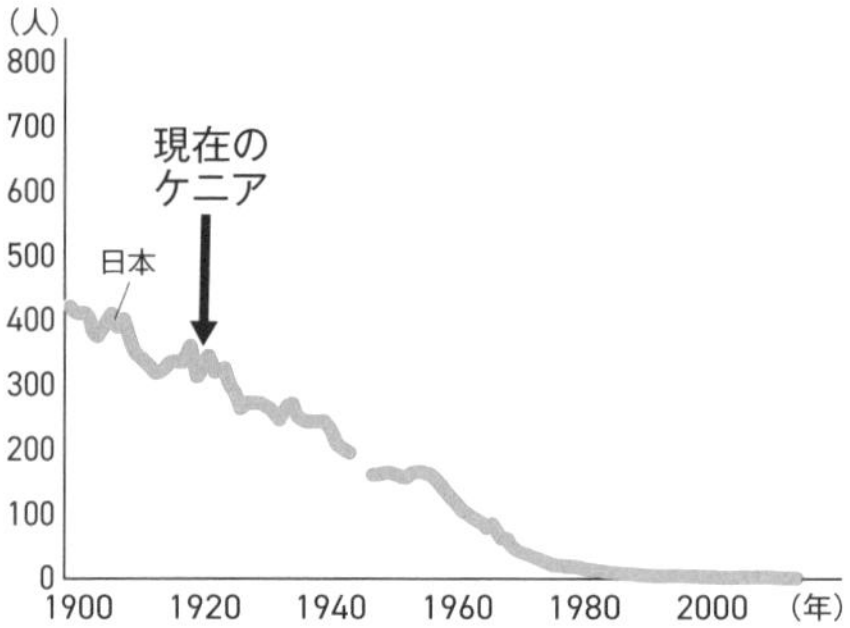

上水道

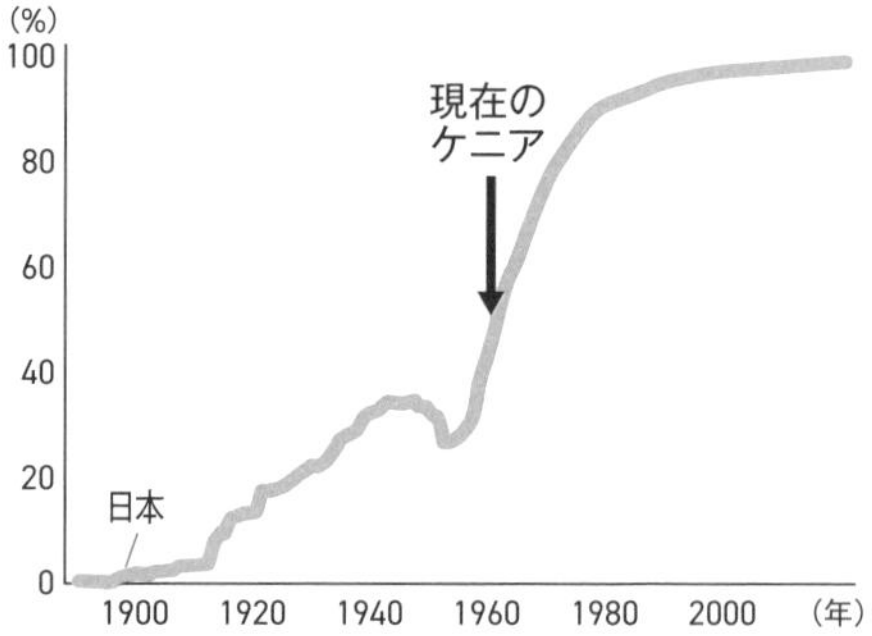

携帯電話普及率

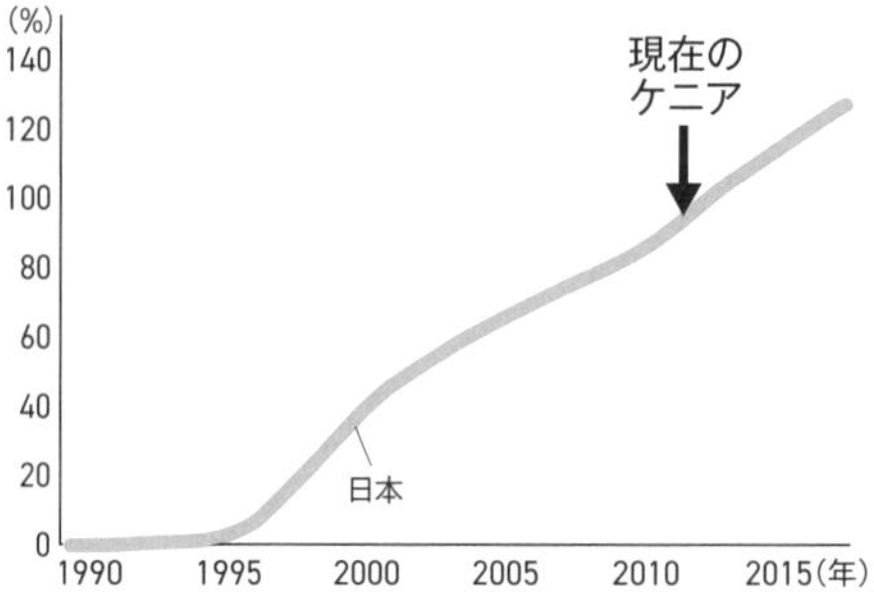

長期金利

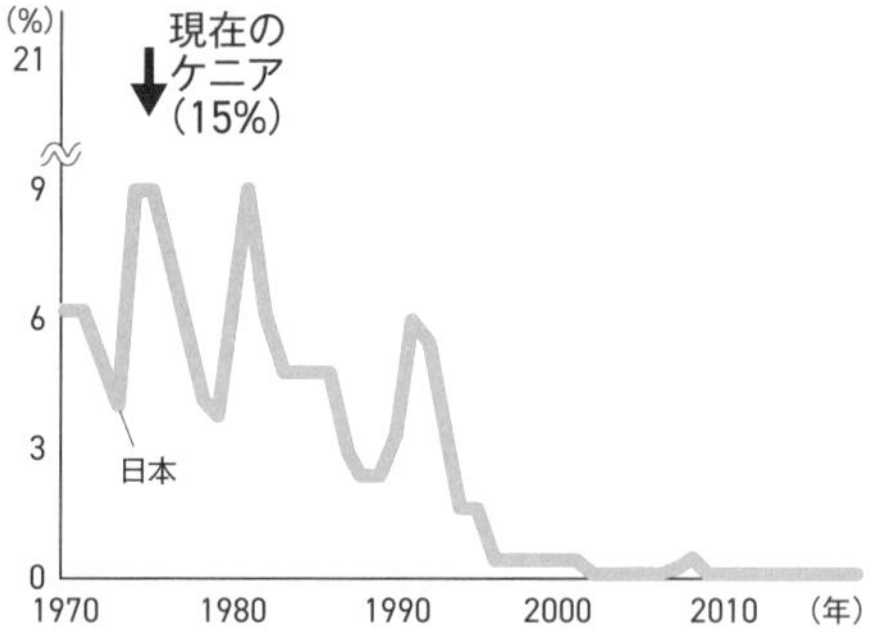

電化率

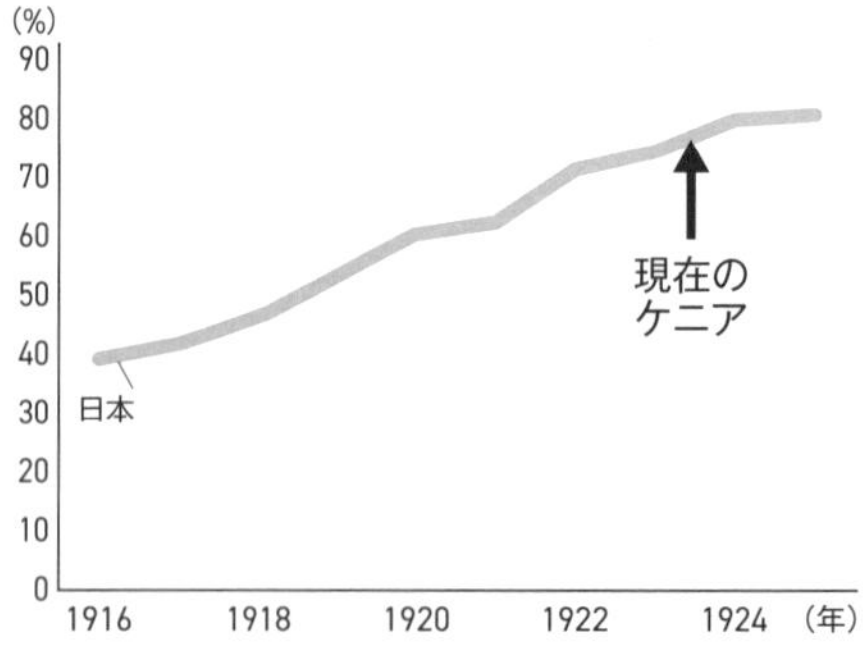

大卒初任給（月給）

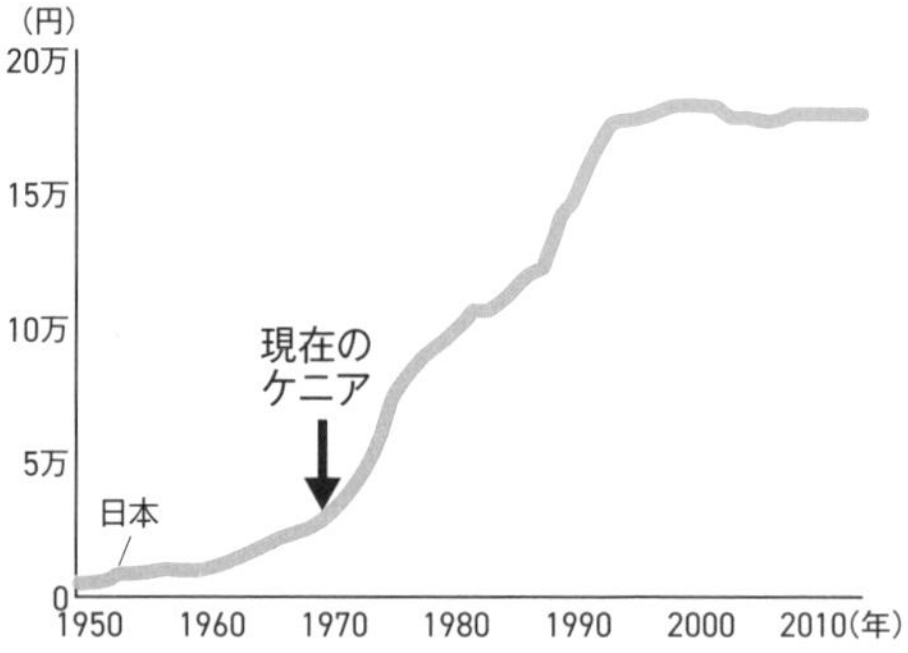

注：グラフは日本の推移。現在のケニアは 2019 年。
出所：WHO、日本水道協会、厚生労働省、総務省、逓信省などのデータを基に AAIC 作成。

ケニアと日本の比較

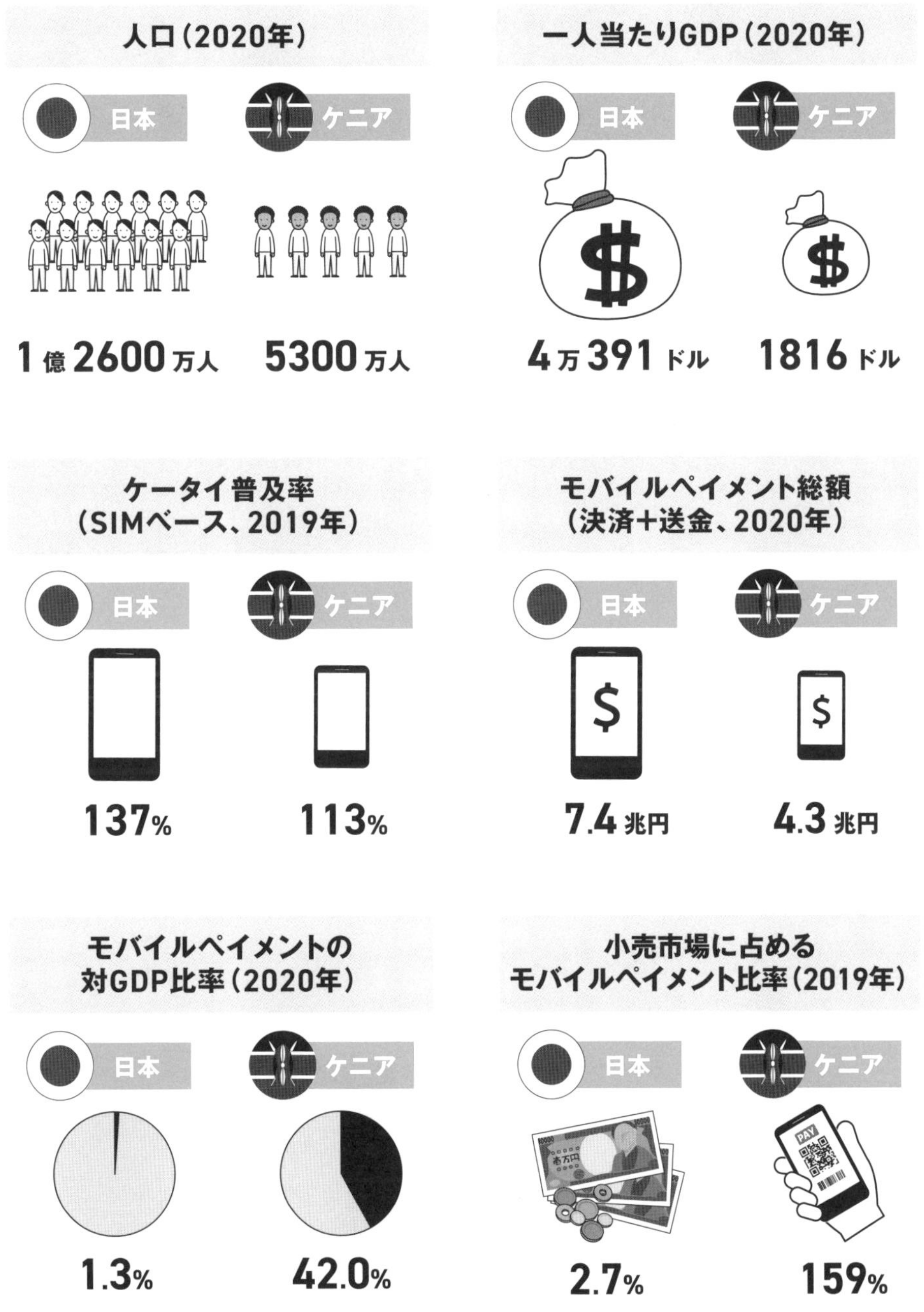

出所：世界銀行、経産省、ICT総研、サファリコムのデータを基にAAIC作成。

アグリテック

GREENPATH
Twiga
we farm
esoko
ARI.FARM
NINAYO
Farmer
Farmshine
hello tractor
iProcure
M-Farm connecting farmers
AGROINFO

コネクティビティ

wasla
BBOXX
Jalo
AST
BRCK
TIZETI
YOUVERIFY
yazmi
LEAP VENTURES
WiFRICA
poa! internet

クリーンテック／エネルギー

WASSHA
upowa
SUNRAY VENTURES
M-KOPA SOLAR
KOKO
STARSIGHT
SOLAR KIOSK
mobisol
rensource
Paygee The PayAsYouGo Ecosystem
angaza
i-Kabin

インターネット

ogaVenue
Jiji.ng
Afrikrea
copia
travelstart
TIMBUKTU
sleepOut
meqasa.com Ghana's No.1 Property Website
suregroup
carzar
travelbeta
IROKO
NoMoviez
goAfrica

エンタープライズテクノロジー

AsokoInsight Africa Corporate Data. African Sources.
Bongo Live!
BrandsEye
Optiwave
wyzetalk
Africa's Talking
Ongair
eduze
terragon
cimple.

エドテック

GEBEYA Best of African Talent
Sea Monster
zedny

求人

THE BOARDROOM AFRICA
Talent2Africa

アフリカのネクストユニコーン企業（2020年）

フィンテック

palmpay
TPAY MOBILE
Zeepay
SimplePay
TALA
dopay
Flutterwave
piggyVest
Interswitch
Wizall
LipaLater

ヘルステック

MYDAWA
helium
lifebank
RelianceHMO
Vezeeta
access.mobile
jembi
DrugStoc
Kasha
VitalRay
clinicPesa
RecoMed

インシュアテック

TURNKEY
CLICK2SURE
Kakbima
inclusivity
BIMA
InsureAfrika
hippo.co.za
Pineapple
HEPSTAR

ロジスティクス／モビリティ

Sendy
eazyloop
ma3route
Kobo
halan
KAMTAR RELAIS
WhereIsMyTransport
SOTE
Deliver Addis
tradedepot
Supermart.ng
pargo
GOZEM

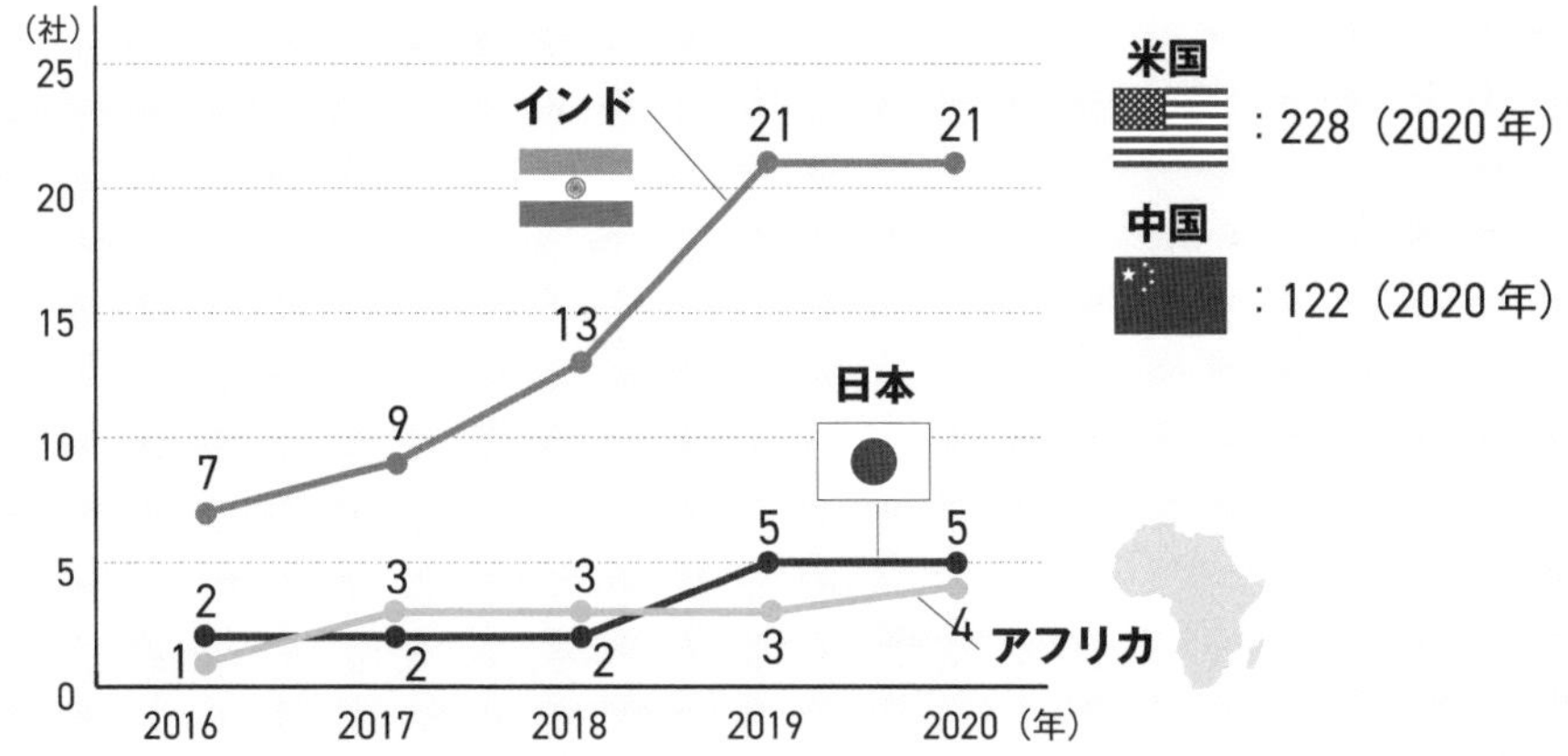

出所：CBINSIGHTS、STARTUP DB、AAIC 調査などを基に AAIC 作成。

米国

1	**Coca-Cola**	**6,984**
2	**Procter & Gamble**	**3,814**
3	**Walmart**	**3,600**
4	PepsiCo	3,215
5	Pfizer	1,382
6	GlaxoSmithKline	1,049
7	Apple	792
8	Colgate-Palmolive	642
9	NIKE	623
10	Mars	595
11	Johnson & Johnson	537
12	S. C. Johnson & Son	427
13	Kimberly-Clark	427
	Kellogg、Whirlpool、Coty、Amazon	

その他アジア

1	Samsung Electronics	韓国	~10,000
2	Woolworths	オーストラリア	3,690
3	Olam International	シンガポール	3,327
4	Bharti Airtel	インド	3,236
5	LG	韓国	1,765
6	Tata Motors	インド	569
7	Hon Hai Precision	台湾	243
8	Hyundai	韓国	52
	Indofood（インドミー）	インドネシア	

外資企業本籍地		日本	米国	中国	韓国	ドイツ	イギリス	フランス	インド
進出企業数	企業数	493	**2,000** [2]	**2,504** [1]	461	625	887	**1,100** [3]	795
	拠点数	795	**4,365** [2]	**4,000~6,000** [1]	900~1,000	3,030	3,491	**3,974** [3]	2,000~3,000
各国の在留人数（人）		7,544	11万～	**80~100万** [1]	18,400	13.2万	**16.8万** [3]	**24.8万** [2]	—

出所：各国外務省、大使館、商工会、Eurostat、国連、JETROなどのデータを基にAAIC作成。

各国企業のアフリカ事業規模推定（2019年）

日本

1	豊田通商（CFAO）	8,090
2	NTT（ディメンションデータ）	8,050
3	三菱商事	3,278
4	日揮	616
5	サントリー	378
6	関西ペイント	339
7	NEC	227
8	トヨタ自動車	221
9	ソニー	186
10	日産自動車	157
11	パナソニック	142
12	味の素	123
13	キヤノン	54
	ヤマハ発動機、カネカ、JT（アフリカ最大手買収）	

中国

1	Transsion	2,828
2	Hisense	1,380
3	Huawei	750
4	Midea	544
5	Haier	470
6	Lenovo	355
	Oppo、Vivo、China Telecom、Hikvision	

イギリス

1	Unilever	4,444
2	Diageo	1,748
3	Reckitt Benckiser	737
4	Avon	560
5	PZ Cussons	301
6	Vodafone	247
	Standard Chartered、PwC、Barclays	

ドイツ

1	Daimler	1,173
2	Henkel	901
3	adidas	810
4	Volkswagen	761
5	AUDI	379
6	Hugo Boss	303
7	Bayer	190
8	BSH Hausgeräte	158
	BASF、Merck、SAP	

フランス

1	Total	22,392
2	Carrefour	3,013
3	Danone	1,917
4	Castel	1,491
5	Loréal	810
6	Sanofi	578
7	LVMH	265
	Orange、Schneider、Peugeot	

注：推定値はアフリカ地域セグメント売上高（2019年、100万ドル、一部中東も含む）。一部は把握可能な範囲での消費者向け製品の小売額累計を参照しており、実際の企業売上額と異なる場合もある。

出所：ランキングは各社IR、Euromonitor、Factiva、EMIS、ヒヤリングなどを基にAAIC推定。

6 エジプト

New Administrative Capital
.... 7万ha、450億 ~580億ドル

ElAlameinCity
.... 202ha、13億ドル

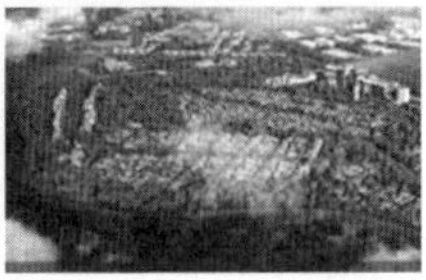

7 ケニア

Tatu City........................ 2000ha、18億ドル

Konza Techno City......... 2000ha、3.68億ドル

Tilsi.............................. 160ha、4000万ドル

8 ルワンダ

Kigali Innovation City.... 70ha、20億ドル

9 タンザニア

USA River........... 160ha、10億ドル

Salama Creek ..... 80ha、10億ドル

Safari City .... 237ha、10億ドル

10 ザンビア

Nkwashi .... 1254ha、15億ドル

アフリカの大型プロジェクト（2020年時点）

② モロッコ

Agadir Urban Development Program … 6320億ドル

① セネガル

DiamniadioLakeCity …… 2000ha、20億ドル

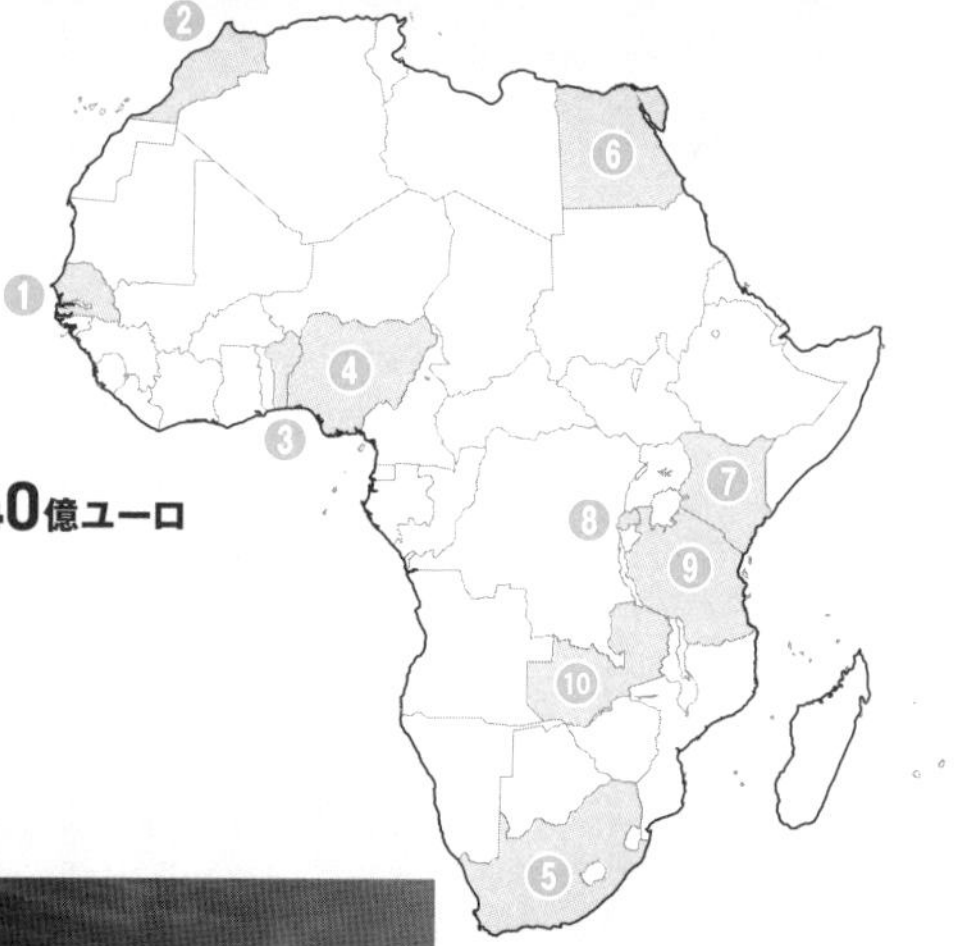

③ ベナン

Seme City

…… 200ha、140億ユーロ

④ ナイジェリア

Eko Atlantic …… 1000ha、4000億ドル

Centenary City …. 1262ha、180億ドル

Lekki ……………… 1万6500ha、13.5億ドル

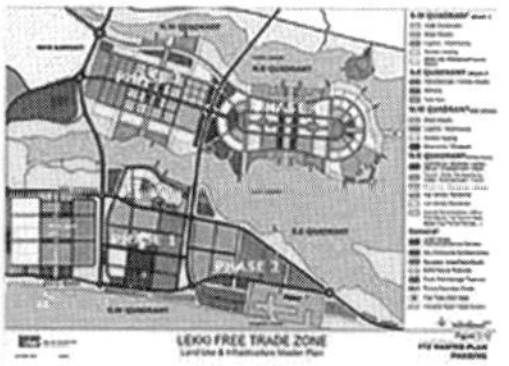

⑤ 南アフリカ

Ntshongweni ………………… 2000ha、18億ドル

Cornubia ……………………… 1200ha、15億ドル

出所：各プロジェクトレポート、HP、AAIC 調査などを基に AAIC 作成。

はじめに

新幹線が走り、巨大なショッピングモールがある

アフリカと聞いて、みなさんはどんなことを思い浮かべますか。もしかして、テレビのニュースで時折流れてくるスラムや飢餓、また内戦ではないでしょうか。もちろん、それもアフリカの一端ではあるのですが、ほんの一部であることを多くの日本人は知りません。

東アフリカのケニアでは、「ナイロビ新幹線/正式には Nairobi SGR (Standard Gauge Railway)」が走っていることを知っていますか。東京から京都までとほぼ同じくらいの距離の高速鉄道がすでに敷かれています。エチオピアでは、同様の高速鉄道がジブチ−アディスアベバ間で、また標高2000mの高速道路がそれぞれ開通しています。

首都ナイロビのカレン地区には「The Hub Karen」という名の巨大なショッピングモールがあります。8万㎡の敷地の3万5000㎡におよぶ延床面積に、100店舗ほどが入っており、日本のイオンモールも顔負けのスケールとクオリティです。フランスの高級スーパー「カルフール」の東アフリ

カ1号店や、米国の「バーガーキング」1号店などのファストフード店が入っています。週末には多くのアフリカ人で賑わいます。

都市の中心部には近代的な建物が建ち並び、初めて訪れた人（あるいは写真をお見せした人）のほとんどが「これがアフリカなのか！」と驚かれます。アフリカは今、加速度的に発展を遂げているのです。

私の印象は「10年前のインドにそっくりだな」というものです。その頃、インドにはユニコーン企業（時価総額10億ドル超のベンチャー企業）が約3社あったと記憶しています。アフリカにも今、3社程度あります。そしてインドは今、その数は20社を超えています。

アフリカで数百億円規模の事業を行う日本企業

アフリカ全体の経済規模（実質GDP）は、すでに2兆4000億ドル（2017年）、日本円で約250兆円になります。日本の経済規模が553兆円ですから、4割程度になるのです。そして日本と何より違うのは、その若さです。中位年齢が20代の国がたくさんあります。10代の国もあります。

その急激な経済成長をチャンスとしてとらえ、すでに大きな収益を実現している日本企業もあります。例えば、女性用のウィッグの素材でナンバーワンのシェア、数百億円規模の事業を築いているのが、日本の化学メーカー「カネカ」です。

アフリカには、独特のヘアスタイル文化があります。自分の髪だけではなく、エクステやウィッグを使って自身に合ったお洒落を楽しむのです。人工毛髪において「カネカロン」という日本メーカーの独自の技術が生きています。

また、アフリカから直接、日本の中古自動車をインターネットで販売している企業があります。「BE FORWARD」です。アフリカでは、日本の中古自動車は大人気です。走っている車の8割が日本車、なんて国もあります。

BE FORWARDは、アフリカ人がネットで中古車を買えるようにしました。ネットで受注し、支払いを先に済ませ、日本から船で出荷します。現地の代理店と提携し、到着後、確認と整備を行い、指定の街に届けるのです。これで年商が約500億円。こんなビジネスが成立していることを、どのくらいの方がご存じでしょうか。

ほとんどのメディアは、リアルなアフリカの姿を伝えていません。そこで、一般の方に向けて、今のアフリカ、日本人に知られざるアフリカについて記そうと考えて書いたのが、本書です。

東京ドーム40個分のナッツ畑をルワンダで経営

私は大学を卒業後、ボストン コンサルティング グループ（BCG）に入社し約15年勤務し、その後、上場会社の社長を経て、2008年に現アジア・アフリカ・インベストメント&コンサルティング（AAIC）を創業しました。

中国、東南アジア、インド、中東、アフリカなどの新興国で、市場参入支援、M&A・パートナー探索支援、新規事業育成など、コンサルティングと事業投資を行っています。

アフリカに投資を始めたのは、8年前。日本初のアフリカ特化ファンドも組成させていただき、運営を始めました。その後、現在運用しているファンドなどを通じて、アフリカで事業を展開する企業に累計で28社（2020年12月時点）に投資してきました。

アフリカへの関わりはこれだけではありません。ご縁があり、私たちはルワンダで約200ha、東京ドーム約40個分のマカデミアナッツ農園を共同で経営しています。現地ではマカデミアナッツを苗木から育成し、収穫し、加工し、世界に輸出する「ルワンダ・ナッツ・カンパニー」という会社です。

ルワンダというと、日本では1994年に大虐殺が起きたことを記憶している人も多いようです。しかし、今では内戦はなく、現カガメ大統領のもと、「アフリカのシンガポール」を目指し急発展しています。

現地に日本人の駐在員が3名います。それぞれ家族を連れ、3家族で計11名がルワンダの首都、キガリで暮らしています。社長は日本の女性です。新婚早々に単身で赴任し、その後パートナーも赴任し、ルワンダで2人の子供が産まれました。後の2家族も、子供を含む家族で、現地で生活しています。キガリの状況は、のちに詳しく語ります。

日本にもビジネスチャンスがある

私自身も、新型コロナウイルスが蔓延する前までは毎月のようにアフリカに行っていました。ルワンダに滞在したり、隣国のケニアやタンザニア、また西アフリカにも足を延ばし、アフリカ最大の国ナイジェリアや、エジプトや南アフリカを訪問していました。

これもご存じの方もいらっしゃると思いますが、アフリカでは日本以上に先進テクノロジーが浸透している領域もあります。リープフロッグ（蛙跳び）イノベーション（Leapfrog Innovation）とも呼ばれますが、固定電話なしにいきなりスマートフォンになった、なんて話だけではありません。

例えば、モバイルマネー。ケニアでは、ケータイにチャージした通話料が、通貨のようにやり取りできます。これは「M－PESA」というサービスで、チャージした金額を送金できますし、ほとんどの店で支払いに利用できます。さらにそれで預金もできるし、ローンも組めます。現金を使う必要がない。その年間の取引総額は4兆～5兆円規模で、ケニアのGDPの半分弱にあたる規模です。

ナイジェリアでは、「西アフリカにドバイを造る」という壮大なプロジェクトが進行しています。首都に隣接した、東京の千代田区ほどの広さ（約1000ha）の遠浅の海が埋め立てられ、経済特区として無税・無関税となっています。今後、住宅やオフィス、ホテルやショッピングモールなどが作られる計画です。

すでに第1期の埋め立ては終わっており、上物は1割程度が完成しています。埋め立ての造成予算は日本円で約2000億円。この大プロジェクトに日本企業は全く関わっていません。本当に残念です。

アフリカといえば、中国が経済的にも政治的にも、多くの国に深く食い込んでいることをご存じの方も多いと思います。実際、その通りです。しかし、エネルギーやインフラが中心で、日本にもまだまだたくさんのチャンスがあります。それをぜひ知ってもらいたい、とも思っています。

本書を読めば、アフリカのイメージがきっと一変します。アフリカは、かつて日本や中国、インドが歩んできた道を、加速度をつけて突き進んでいるのです。最先端のテックビジネスが社会実装され、近未来のビジネス地図がまさに今、書き換えられようとしているのです。これが、本当のアフリカなのです。

目次

第2章

アフリカはどんどん豊かになっている

ビジネススケール

第3章

アフリカはかつて日本が経験した急成長期にある

ビジネスチャンス

第4章

アフリカは先端技術が日本より浸透している

イノベーション

第5章 アフリカは医療テック市場が世界で最も熱いベンチャー

第6章 アフリカは巨大市場になりつつある

第7章 アフリカは日本企業がもったいない状況にある

グローバル企業

日本企業

第8章 アフリカは国内格差がまだまだ大きい

経済、社会、暮らし

第9章

アフリカは驚くような巨大開発を行っている

インフラ開発

第10章 アフリカは4つの進出パターンで勝負する

アフリカ進出成功のヒント

第1章

アフリカは想像以上に大きくて、若い

大きさ、若さ、人口

アフリカ・ファクトフルネス①

問1 **アフリカ大陸の大きさは？**

①米国の面積より大きい
②米国と中国を足した面積より大きい
③米国と中国とインドと欧州と日本を足した面積より大きい

問2 **ナイジェリアの中位年齢は？**

①18歳
②25歳
③31歳

問3 **アフリカの2050年の人口予測は？（2019年現在、約13億人）**

①18億人／世界人口のうち約18%
②25億人／世界人口のうち約25%
③30億人／世界人口のうち約30%

アフリカ大陸はインドの10倍も大きい

アフリカについて、まず必ず驚かれることがあります。それは、アフリカは想像していたよりもはるかに大きい、ということです。

いわゆるメルカトル図法の世界地図では、高緯度の地域は実際よりも大きく見えてしまうため、どうしても赤道付近にあるアフリカ大陸は相対的に小さく見えてしまいます。

アフリカ大陸がどのくらい大きいか、こんな話を講演などではよくします。アフリカの東西南北の長さです。南北は約８０００㎞、東西で約７４００㎞あるのですが、これがどのくらいの距離なのか。

東京から米国のシアトルまでの距離が７６８７㎞です。東京からアラブ首長国連邦のドバイまでが７９３５㎞ですから、アフリカの南北のほうが長いということです。

東京からインドのムンバイまでは６７３８㎞。東京からモスクワまでは７４９２㎞。アフリカの東西の約７４００㎞はこれらに匹敵するのです。

どうでしょう。想像よりもはるかに大きいということが、ご理解いただけたでしょうか。これだけ巨大なアフリカ大陸に、「とりあえずアフリカ拠点を１つ置いておけば……」などというのが、いかにピント外れなことかもわかると思います。それは、東京の拠点でシアトルやドバイを見るようなものだからです。

アフリカは想像以上に大きい

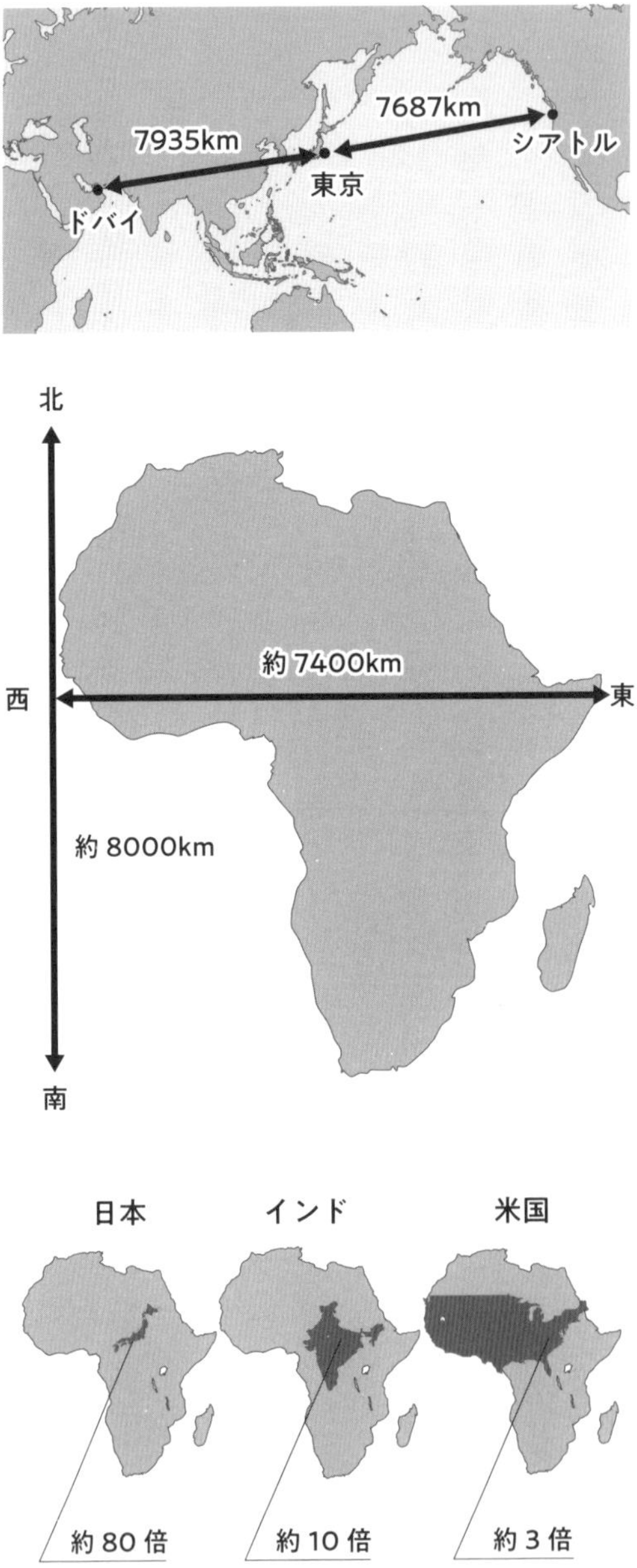

ただ、これは致し方のないことです。なかなか実感することがないからです。アフリカ大陸の東西の距離は、サンフランシスコとニューヨークくらいだと思っている人がほとんどです。実際には、その倍近くあるのに、です。

これもよくお伝えしますが、アフリカ大陸の面積は、インドの10倍あるのです。日本の80倍。そこには、米国、中国、インド、欧州、メキシコ、日本がすっぽりと入ってしまうくらい大きいのです。

赤道直下でも1年中「夏の軽井沢」

アフリカというと、ジャングルだったり、猛烈な暑さだったり、砂漠だったりをイメージする人が少なくありません。確かにアフリカ大陸にはジャングルも、砂漠もあります。しかし、住みづらいジャングルや、雨が少ない砂漠だけに人が住んでいるわけではありません。ジャングルや砂漠を取り囲むように住んでいるのです。そこは「ステップ」「サバンナ」などと呼ばれます。

広大なアフリカ大陸のうち、主に人が住んでいるのは3分の1ほどのエリアになるかと思います。地図を見ればわかりますが、砂漠が広がるマリやニジェール、リビア、アルジェリアといった国々は、とても人口が少ない。住める場所が少ないからです。

一方、人がたくさん住んでいるのは、北部のナイル川河口があるエジプトや地中海沿岸地域です。そして、西部のナイジェリアやガーナ、サッカーで知られるカメルーンやコートジボワールなどの大西洋に面したエリアです。ナイジェリアは、アフリカ最大の2億人の人口を誇る国です。

東部のケニア、ウガンダ、ルワンダ、タンザニア、エチオピアあたりは、人類発祥の地でもありますが、ここにもたくさんの人が暮らしています。

そして南部の南アフリカ共和国には、5800万人が暮らしています。ケープタウンは、温帯で極めて快適です。日本やオーストラリアに近い気候です。

アフリカ大陸で主に人が住むエリアは1/3

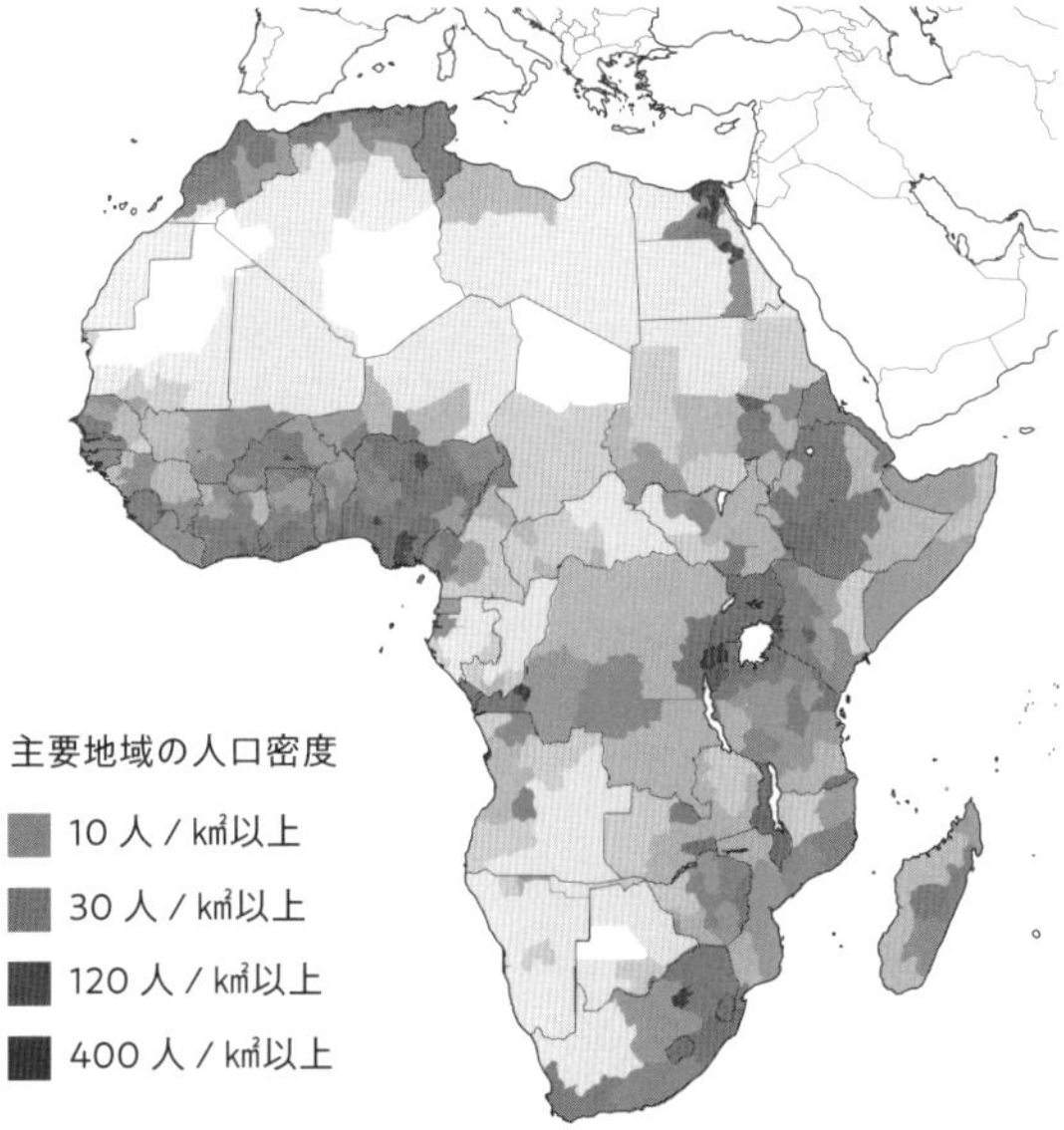

出所：Population density by Tzapquiel を基に AAIC 作成。

私はマカデミアナッツ農園のあるルワンダに頻繁に行っていますが「赤道直下ですし、さぞや暑いのでしょうね」と聞かれることが少なくありません。しかし、全く違います。

ルワンダの首都キガリやケニアの首都ナイロビは、標高が１５００〜１８００ｍほどあります。高地なので、とても過ごしやすい気候なのです。朝は気温15度、昼間は28度くらい。これがほぼ1年中、続きます。30度まで気温が上がることは、まれです。月間の平均気温は1年中20〜22度です。雨季と乾季はありますが、高地ですから湿度もたいして高くない。

そうなのです。とても快適なのです。日本では、湿度も温度も高い都市部を離れ、夏は避暑に軽井沢に行ったりする人も多くいますが、それこそキガリやナイロビは、１年中「夏の軽井沢」状態なのです。最高に過ごしやすいのです。

少し足を延ばせば、水面標高１０００ｍ以上のビクトリア湖があります。ナイル川の源流です。

年中「夏の軽井沢」のようなキガリ

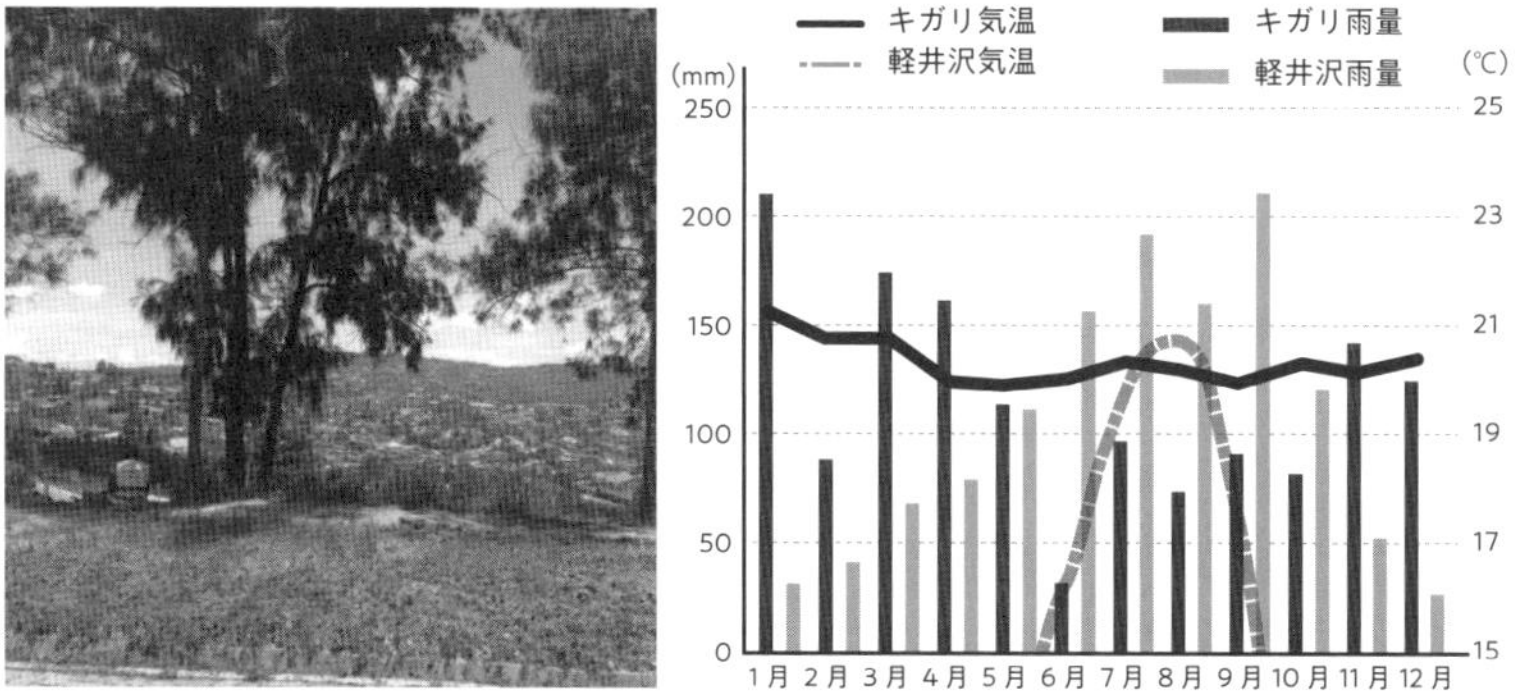

出所：World Bank Climate Change Knowledge Portal のデータを基に AAIC 作成。

タンザニアとケニアの国境沿いには、世界に知られる標高5895mの山、キリマンジャロがそびえていて、万年雪もあります。

アフリカ、赤道直下というと、自動的に「暑い」と想像してしまいますが、実は、そこの高地は東京の夏よりもよほど快適なのです。

南部にも、南アフリカのみならず、ザンビア、ジンバブエ、ボツワナなど、温帯に近くて快適なエリアがあります。

もちろん、ジャングルや砂漠は暑いです。同じケニアでも海沿いは暑い。海抜ゼロのモンバサあたりは、高地のナイロビのようにはいきません。

アフリカの中位年齢は19・7歳。日本は48・4歳

これも日本で知られていないアフリカの特徴ですが、年齢の圧倒的な若さです。0歳から順に並べてちょうど中間となる人の年齢（中位年齢）は、日本は48・4歳。これが、アフリカ全

アフリカ主要国の人口予測

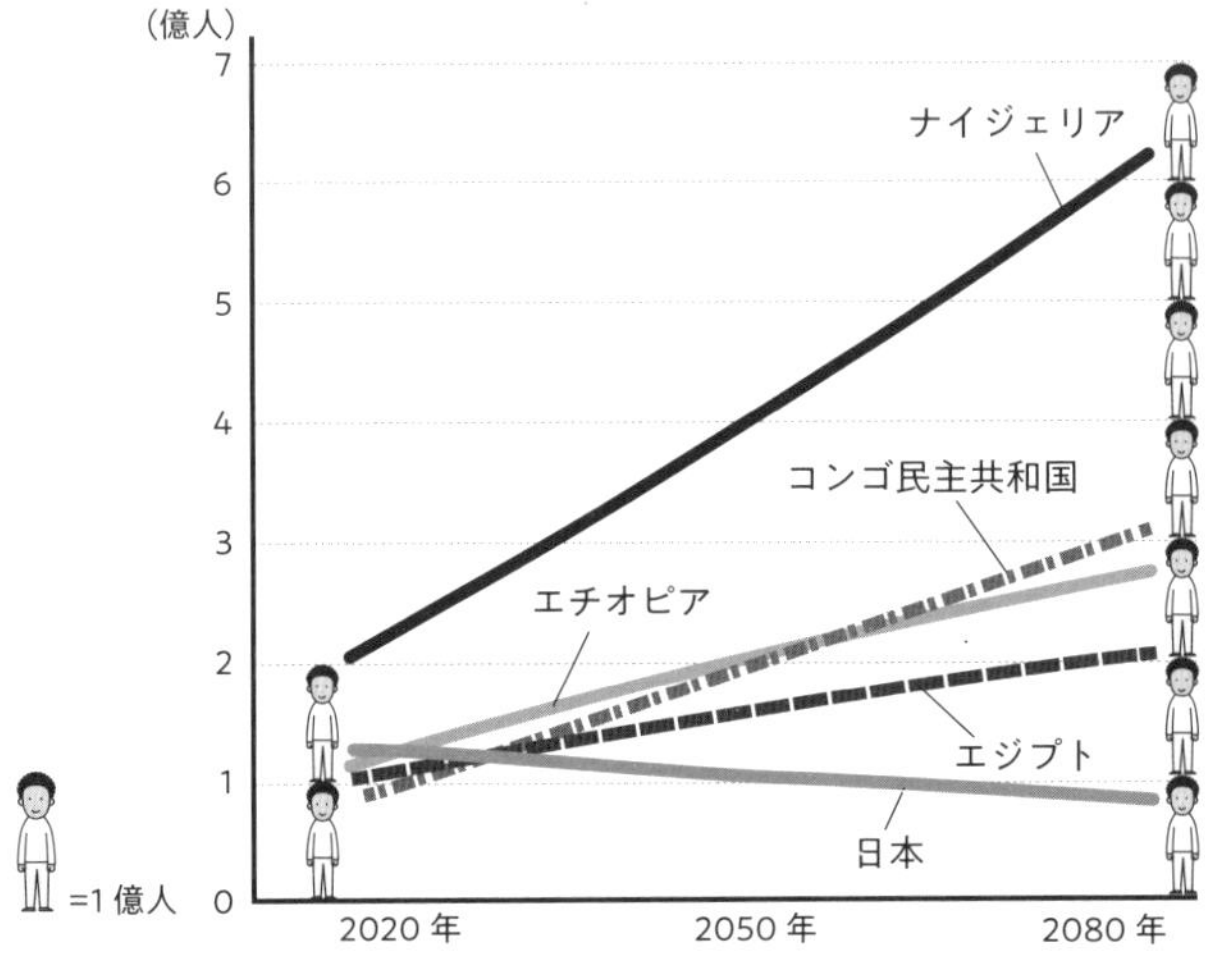

出所：UN DESAのデータを基にAAIC作成。

土ではなんと19・7歳なのです（2020年）。

アフリカの全人口は現在約13億人ですが、最も人口の多いナイジェリアの中位年齢は18・1歳。他にも、ケニア20・1歳、エチオピア19・5歳、タンザニア18・0歳、コンゴに至っては17・0歳です。

要するに、とても若い人が多いということ。背景にあるのは、医療・衛生環境が整って乳幼児の死亡率が急速に下がったこと、人口を養える最低限の食料が確保できるようになったことが挙げられます。マイクロソフト創業者のビル・ゲイツが作ったビル&メリンダ・ゲイツ財団もそうですが、WHO（世界保健機関）やNGO、NPOなどがこぞって医療体制を充実させたことで、乳幼児が死なくなったのです。

それこそアフリカでは少し前まで、自宅で産婆さんが赤ちゃんを取り上げるのが普通でしたが、衛生環境の不備から、出産時の死亡率が妊婦も新生児も高かった。病院も薬も少なく、1人の女性が平均6

アフリカ主要国の人口ピラミッドと中位年齢（2040年）

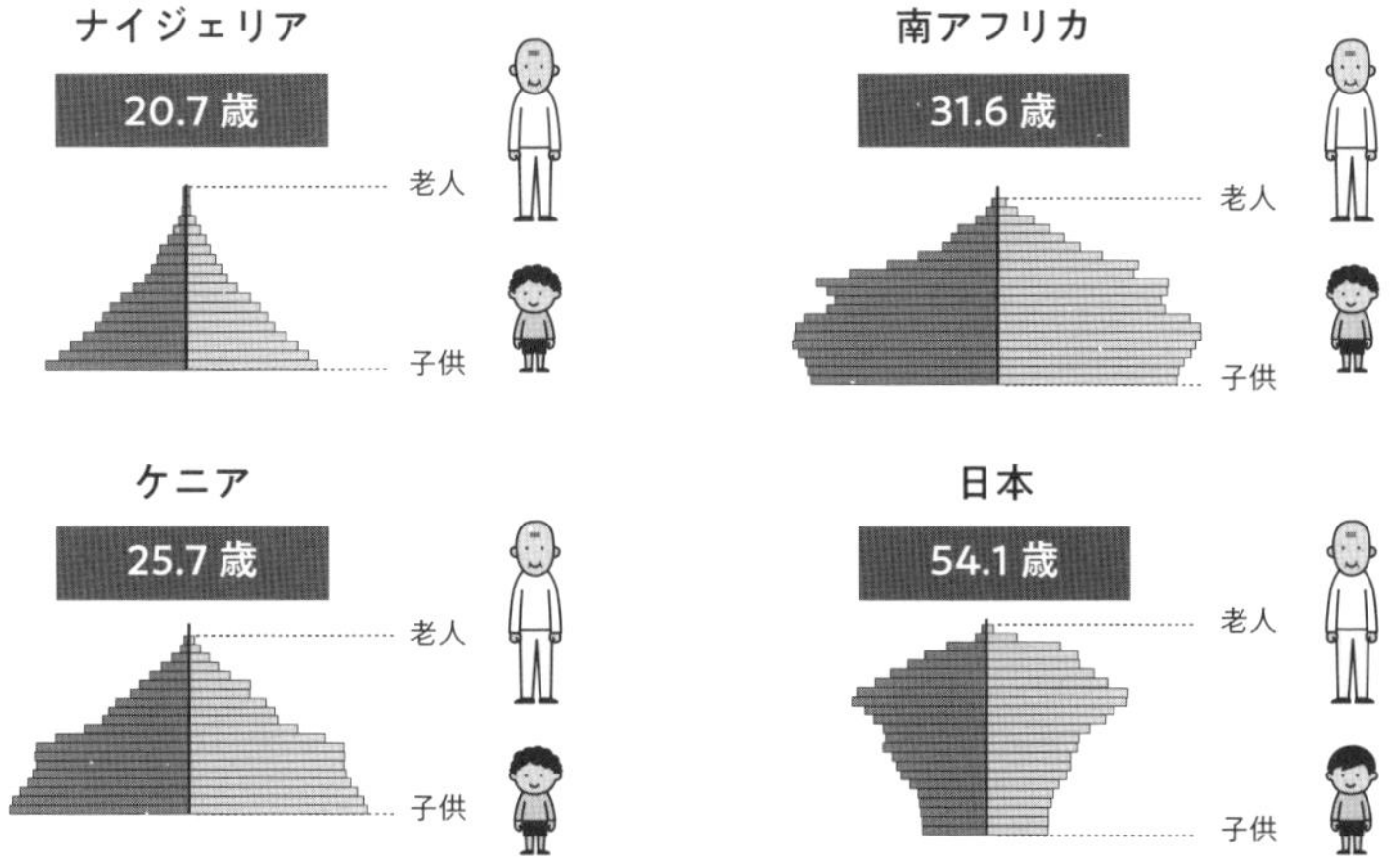

出所：UN DESA のデータを基に AAIC 作成。

〜７人出産しても、大人になれるのが２〜３人というのが通常でした。これは、日本の明治時代と同程度です。

しかし、今は医療環境が整い、生まれたら成人までちゃんと育つようになってきたのです。よって人口が爆発的に増えました。人口ピラミッドを見れば、若年層の人口増は一目瞭然ですが、さすがに増え過ぎだということで各国、懸命に人口を抑えようとしています。南アフリカのように避妊具（コンドーム）を無料で配っている国もあります。

それでも人口予測を見れば、他のエリアを圧倒するスピードで増えていくことがわかります。現在（２０１９年）約13億人の人口が、２０５０年にはほぼ2倍の約25億人になると予測されています（国連、２０１８年中位予測）。人口が最も多いナイジエリアは、２０２０年に2億人の人口が30年後には4億人近くに達しそうです。

コンゴ民主共和国は8960万人ほどの人口が、30年後には1億9000万人、エチオピアで2億人、エジプトも1億5000万人になると予測されています。

ただ、その一方で豊かになって都市化が進むと、人口増加の勢いは落ちていきます。人口ピラミッドの推移を見るとわかりやすいですが、早くから都市化が進んでいた南アフリカは、すでに人口ピラミッドが釣り鐘状になっています。出生率が落ちて来ているということです。南アは現在約5640万人の人口で、2040年で6550万人にとどまりそうです。

同様に東部で最も都市化が進むケニアは5260万人が20年後に7800万人と2500万人ほどの増加が予想されていますが、やや釣り鐘状になりつつあります。

ナイロビなどがそうですが、都市では子供を2人くらいに抑えようとします。教育などにお金がかかり、生活が優先されるからです。一方、農村人口が多いところは、高い出生率が持続します。

いずれにしても、日本をはるかに上回る人口の爆発と若さは、国家運営を適切に行えば、この先、人口ボーナスとして大きなパワーをもたらす可能性があります。一方で、適切な職が与えられなければ、大きな社会不安などに結びつく可能性があります。アフリカの根本的な課題の1つです。

これから大きく都市化率を上げていく要注目国

農村では引き続き人口爆発が起きているわけですが、例えば6人産んでも2人しか生き残ることができない状況であれば、自給自足の生活を維持することができるでしょう。ところが、6人ともすべて大人になるわけですから、同じ農地しか持っていないとすれば、生活はサステナブルとはいかない。

そうすると、昔の日本のように第二子、第三子は、都市に出ていくしかありません。家を継がせられるのは、長子だけだからです。まさに、日本の戦前・戦後に起きたことが、アフリカで始まっているのです。

都市化が始まり、これから大量の人が都市に出てくるようになる。ただ、今のアフリカの最大の課題の1つは「都市にそれだけの仕事があるか」ということなのです。

農村でも、なんとか小中学校くらいまでは行かせられるようになってきていますが、ケニアでも大学に行けるのは1割ほど。大学に行っても、卒業後3年以内に就職できるのは半数程度なのです。都市に出てくる多くの人は、日雇いなどのその日暮らしの仕事が中心となっています。

人手不足ではなく、圧倒的に仕事不足なのです。人手も、その多くはブルーカラーで、何かの専門スキルを持ったスキルドワーカーは少ない。大学を出て、英語を話せて、マネジャークラスの人材となると、圧倒的に少なくなります。

都市化率は、国によってさまざまです。南アフリカあたりだと、都市に住んでいる人口は67%になります(2018年)。南アフリカは、大都市ヨハネスブルグを中心に、アフリカをチェックするときには、必ず押さえておきたい国です。

その他の注目は、西アフリカのナイジェリアです。ナイジェリアはアフリカ最大の2億人の人口と

アフリカ主要国の都市化率

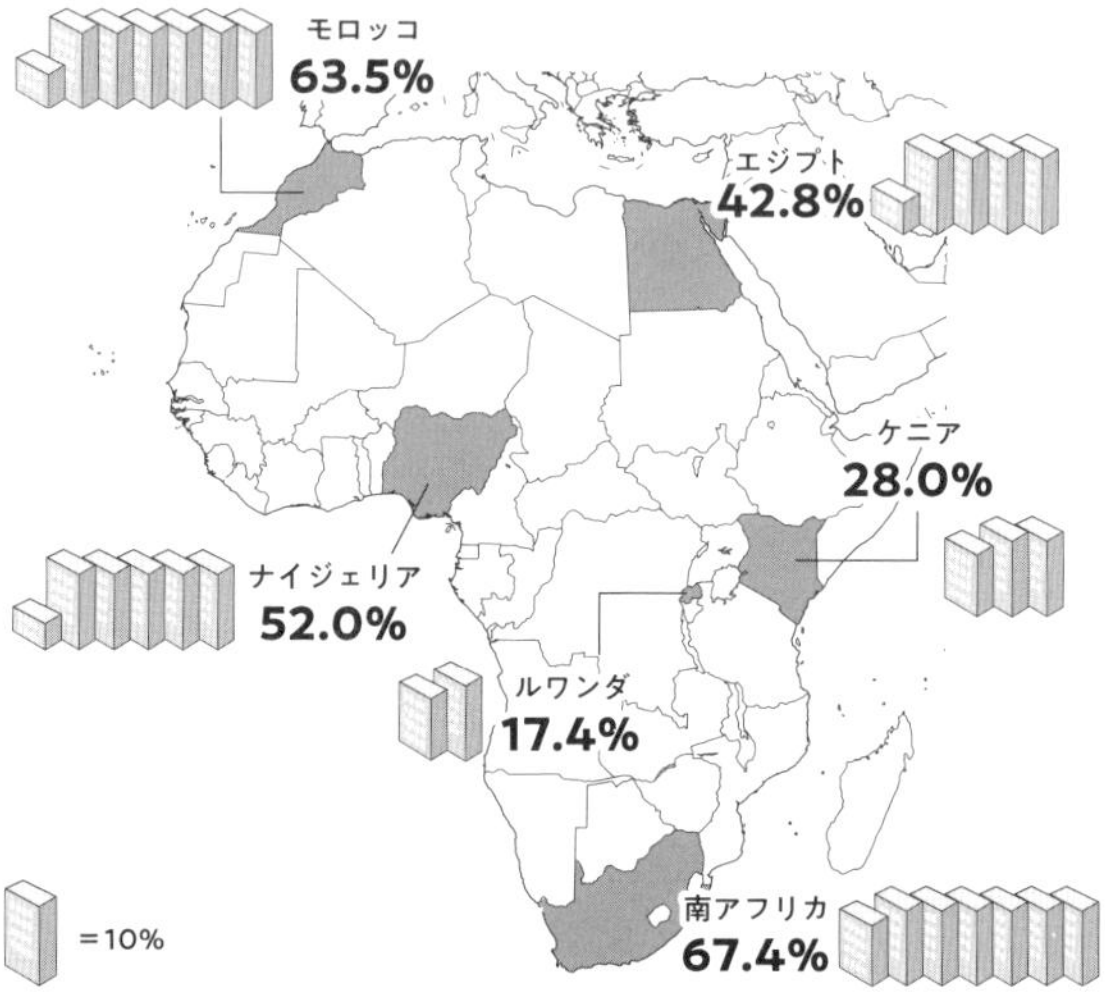

出所：UN DESA のデータを基に AAIC 作成。

GDPを誇る国。ナイジェリアの都市化率は52%です。

さらには、都市化率が28%のケニアを中心とした東アフリカの国々です。

人口は、ケニアが5260万人、タンザニアが5800万人、ウガンダが4430万人（2019年）。この3つの国で1億5000万人ほどになります。今、とてもホットなエリアです。

都市化が進むアフリカの残る注目国は、都市化率43%の北アフリカのエジプトと、64%の北西部のモロッコです。いずれもヨーロッパに近く、早くから産業が立ち上がっている国々です。エジプトは、2011年のアラブの春以降の政治と経済の混乱により停滞気味ですが、世界最古の文明が産まれたところでもあり、そのポテンシャルは非常に高い。

南アフリカ、ナイジェリア、ケニア、エジプトの4国は、アフリカの主要な国として、ぜひ覚えておいてください。

私がよく行くルワンダはアフリカの中央部にあり、都市化率は17％程度。人口1260万人のうち、86万人ほどが首都のキガリに暮らしています。まだ農村に8割以上が暮らしている国です。農村で電気が通っている世帯は約6割で、4割は無電化です。ナッツ農園で働くワーカーの中にも、電気がない家に住んでいる人が大勢います。働く報酬の相場は1日約1・5ドル前後です。

生産年齢人口のピークは中国→インド→アフリカ

アフリカの持つ「若さ」がどういう意味を持つのか。注目しておきたいのは、生産年齢人口比率のピーク予測です。

全人口のうち、15歳から64歳までの働ける人口がどれだけいるか、というのが生産年齢人口比率ですが、日本のピークは70％前後だった1960年代から80年代の終わりくらいまででした。その後、急激に下がっていくことになります。

今、まさにピークを迎えているのが中国です。中国で総人口に占める生産年齢人口比率は、2000年頃から70％を超えるまでになりましたが、すでにピークを終えて下落に転じています。

米国のピークは比較的長く続いています。これは、移民政策などによって毎年1・5％程度の割合で人口が増えていることが背景にあります。

これからピークを迎えるのが、インドや中東です。インドは2040年くらいにピークを打って、落ちていくことになります。そしてその後、ピークを迎えるのが、アフリカです。しかも、このピークはかなり長く続きそうです。

生産年齢人口とその国の経済のピークはリンクするといわれています。国が栄えるかどうかは、生産年齢人口がどのくらいいるかが1つの重要な要素だからです。

これは当たり前のことで、働ける人が多ければ、国内の経済活動は活発になります。経済ピークと生産年齢人口がリンクするという説はかなり正しく、それは過去をひもといても見えてきます。日本経済もそうでしたし、中国もそうなるでしょう。インドはこれから、経済の大きな繁栄期を迎え、中国を追いかけていくことになるでしょう。

中国は2028年頃には、米国のGDPに追いつくと予測されています。インドも中国、米国と肩を並べる規模になる可能性があります。そして2050年以降から、最後の成長大陸としてアフリカが、世界経済主要地域に出てくる可能性があります。

また、世界全体の人口は、2100年に100億人ほどになってピークアウトするという予測が出ています。最近は90億人あたりがピークになる説も出てきました。背景にあるのは、中国やインドの出生率が、速いスピードで落ちてきていることです。

先にも書いたように、都市化が進めば出生率が落ち、人口は減少方向に向かいます。そうすると、最初は人口ボーナスとして経済的なメリットがありますが、そのまま少子高齢化が進むと、今度は人口オーナスとして経済に大きなマイナスを与えることになります。

生産年齢人口比率の推移予測

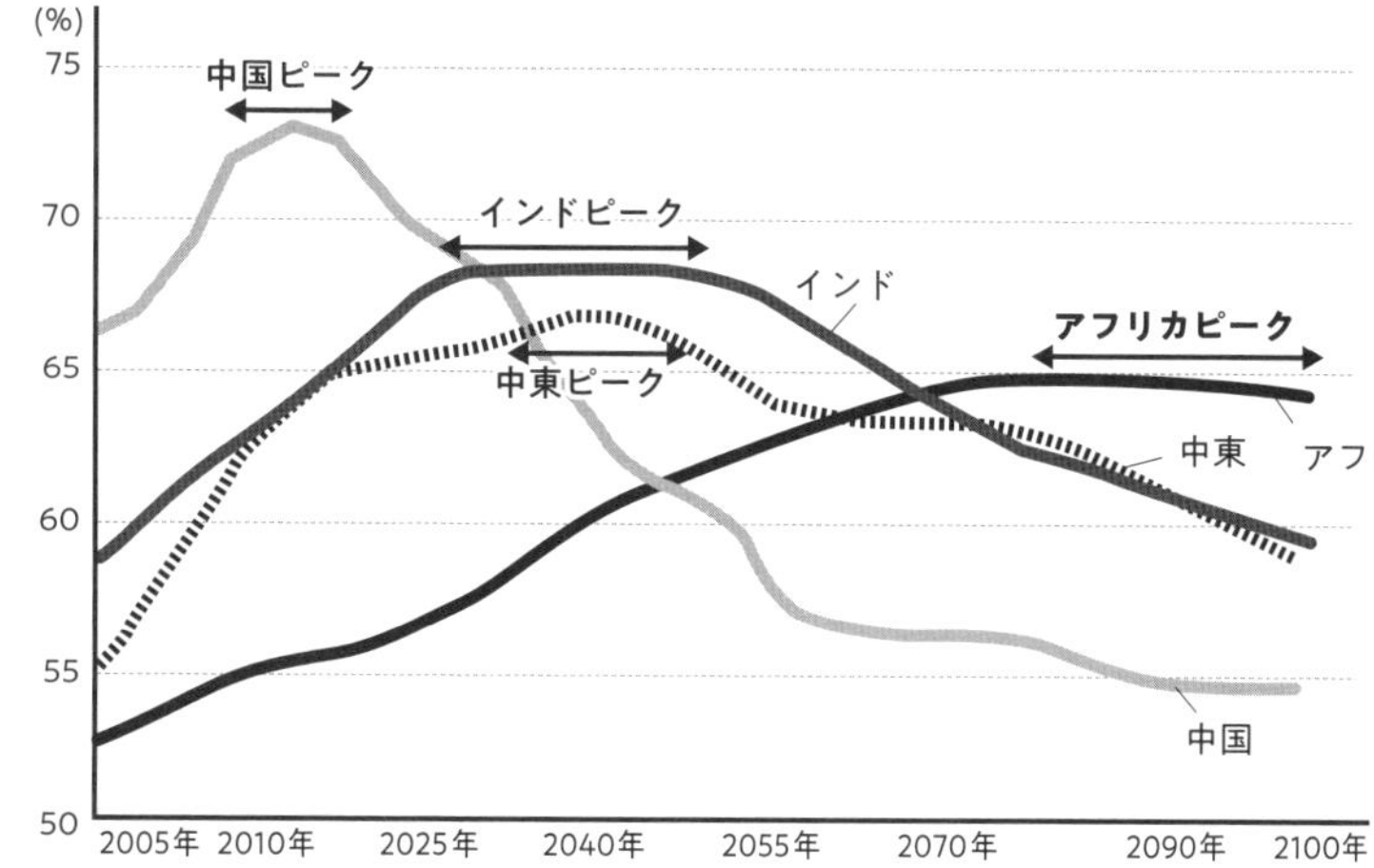

出所：国連の人口推計データを基にAAIC作成。

これを何もせずに放っておいたのが日本でした。日本の落ち込みは、他地域にはないレベルです。生産年齢人口比率が50%程度まで落ちるのは日本だけです。

経済成長は人口成長＋生産性向上です。日本は２０１９年に人口が約52万人自然減しました。２０２０年代後半からは毎年１%弱ずつ、70万人から１００万人ほど、50年間継続して人口が減り続けると予測されています。過去の歴史をみてもこれだけの大規模な人口減はなく、それで繁栄した国はありません。生産性向上だけでは限界があるでしょう。

長期予測において、株や為替の確実な予想は不可能ですが、確度高く予測できるのが人口です。必ず来る現実なのです。アフリカはまだまだ人口が増えていきます。個人的には日本と補完関係ができるのではと考えています。今後どこに投資すべきか、どこの成長のポテンシャルを見るべきか。日本人には、今こそ現実を見据えた判断が問われていると思います。

アフリカ・ファクトフルネス①の答え

問1 アフリカ大陸の大きさは？

③米国と中国とインドと欧州と日本を足した面積より大きい

問2 ナイジェリアの中位年齢は？

①18歳

問3 アフリカの2050年の人口予測は？

②25億人／世界人口のうち25％

第2章

アフリカは
どんどん豊かになっている

ビジネススケール

アフリカ・ファクトフルネス②

問1 **アフリカのケニアのケータイ普及率は？**

① 55％
② 85％
③ 113％

問2 **アフリカの売上高1000億円企業の数は？**

① 50社
② 200社
③ 400社

問3 **アフリカが抱えている健康上の大きな悩みは？**

① 飢餓
② 感染症
③ 肥満

電気は来ていなくても、スマホは持っている

ルワンダの無電化率は農村部で4割程度と書きましたが、アフリカ全体で見れば農村部は6割以上になると思います。電気が家に来ているほうが少ないのです。

しかも、人口の8割はまだ農村に住んでいる国が多くあります。つまり、アフリカのおよそ半分くらいの人は、電気のない家に住んでいるということです。

もちろん、国は電気を通そうと取り組みに尽力しています。ルワンダの農園に行くと、この7年間だけでも、行くたびに電柱が農村部の奥地にまで敷設されてきています。道路に電柱が置かれていて、工事を待っている光景もよく見かけます。

日本も100年ほど前の1919年の電化率がちょうど50%程度だったようです。大正から昭和初期にかけて、電気が一気に広がっていったのです。それと同じことがアフリカで起きています。

しかし、かつての日本と違うところは、アフリカの成人は全員と言っても過言ではないほどに、みんなスマホやケータイをすでに持っていることです。

電気は来ていないけれど、スマホやケータイは使うのです。何をしているのかというと、通話やWhatsApp、フェイスブック、ゲームなどをしています。そしてなんといっても、スマホやケータイはお財布の代わりにもなっているのです。生活の必需品です。

では、電気がないのに、どうやって充電するかというと、小型のソーラーパネルを使ったり、村のキオスク（パパママショップ）の充電サービス（1回約20円くらい）などを利用しています。

ケニアやタンザニアのサバンナには、日本のテレビでも有名になったマサイ族が、放牧中心に暮らしていますが、成人はほぼ全員スマホやケータイを持っています。誇り高き民族で、土は触らない、農業はしない、放牧のみで暮らしている伝統的なマサイ族もいます。そこでもスマホが普及しています。フェイスブックもやっていて、友達になろうとリクエストされたりします。

近年は、シティマサイと呼ばれる、都市在住のマサイ族も大勢います。ケニア政府は子供を学校に行かせるため、定住政策も進めており、普通に大学に行って、ビジネスマンになっているマサイ族もいます。

スマホを使うマサイ族

アフリカでナンバーワンのスマホは中国製

今、東アフリカでヒットしている商品の1つが「M－KOPA」です。これは、ソーラーパネルと充電池、LEDランプ、充電用ラジオなどがワンセットになった商品です。総額で約2万3000円

M-KOPA 600

M-KOPA 5

ですが、アフリカ人には高くて一括ではとても買えません。

そこで、約3000円の頭金を払い、モバイルマネー（M－PESA）で1日約50円の毎日払いをして、1年半程で自分のものになる、という仕組みです。これが累計で約90万セットの売上（2020年末時点）と大ヒットしています。

毎日約50円をケータイで支払うのですが、支払いが滞ると遠隔で充電機能が止められてしまう仕組みが入っています。そこで、みんなしっかり払っているようです。

この「M－KOPA」にはアップグレード商品があります。テレビセットモデル「M－KOPA600」です。スマホ充電の次はテレビです。これがアフリカの人たちは欲しい。スポーツ観戦を中心にテレビも人気です。かつて日本でもみんなテレビを欲しがったように、彼らも欲しいのです。

24インチ薄型テレビ付きで約6万5000円のセットが、1日の支払い約150円。これもヒットしています。

一般の人は、まとまったお金を持っておらず、M－PESAでの少額決済によって、大きな潜在需要が顕在化したのです。

ケータイ端末は中古品も多く流通しています。ナイロビだと、ガラケーの中古で1000円くらいから、スマホの中古で3000円ぐらいからあります。

ケータイショップ

そして大きな特徴は、98％近くがプリペイドケータイだということです。使った後から払えといっても、回収は困難を極めます。自宅までの郵便も普及していませんし、住所もはっきりしない。さらに銀行口座を持っている人は、ケニア全体で３割弱。クレジットカードに至っては普及率５％程度で、農村部はほぼゼロ。

よって、プリペイド方式が中心なのです。パパママショップやコンビニ、Ｍ－ＰＥＳＡショップでお金をチャージするのです。料金にはものすごくシビアで、通話はあそこが安い、データはあそこが安いなど、みんなとにかく異様に詳しい。データが重いときは、絶対にフリーＷｉ－Ｆｉのある場所でしか使いません。

そこで、大ヒットしているのが、デュアルＳＩＭ端末です。１つの携帯に２つ以上のＳＩＭが刺さるのです。インドでも広く普及しています。電波の良いほうや、値段が安いほうに切り替えて使います。自動切り替え機能の端末もあります。

新品のスマホは、３Ｇであれば４０００円くらいからあります。４Ｇだと約１万円から。ほとんどはＯＰＰＯやファーウェイなど中国製スマホで、アップルのシェアは５％程度です。中でも最も人気なのが、トランシオンの

「Tecno」です。

実はこれは中国スマホなのですが、中国では売っていません。本社は香港にあり、Tecno はアフリカ専用のケータイブランドです。これが、アフリカのナンバーワンのスマホブランドになっています。ナンバーワンになっているのは、その理由があります。デュアルＳＩＭもそうですが、かゆいところに手が届く工夫をしているのです。充電に手間とコストがかかりますから、一度の充電で４日間持つスマホなども出していますす。４日に1回の充電でいいわけですから、これは人気になります。

中国語で「伝音控股」と書きます。２００７年に本格的に Tecno のブランドで参入し、アフリカで２０１８年シェア49％（ＩＤＣ調べ）の断トツナンバーワンで、知らない人のいない企業になったのです。エチオピアにも組み立て工場があります。最近では、中東にも進出しています。

どんなサバンナでもアンテナが立つ理由

日本で１０００億円以上の売上高がある会社は約９４０社だと言われていますが、実はアフリカにはすでに４００社以上の１０００億円企業があるようです。何より13億人の人口を抱える大陸です。貧しい人が多いのも事実ですが、必要なものであれば、大きなスケールになる可能性がある市場なのです。

実際、近年はスマホが、世界で最も売れる地域になっています。年間1億台以上が売れる。中国よりも、インドよりも、アフリカのほうが売れているのです。しかも、スマホ普及率はケニアで6割ほど、ルワンダで3割ほど。これから2~3年ほどで、ガラケーがスマホにほぼ切り替わっていくでしょう。

ケニアでは、SIMベースでケータイ普及率は113％（2019年）です。日本は137％で、これは2台持ちの人がいるからですが、実はケニアにもガラケーとスマホの両持ちや、複数キャリアを使っている人が大勢います。通話はA社、データはB社など、安いほうで使い分けているのです。

しかも、プリペイドですから、基本料金がない。使う分だけチャージしておけばいいのです。そして、このプリペイドケータイのおかげで、ブレイクしたのが後に詳しく紹介するモバイルマネーサービス（チャージした通話料を人に送れる／決済できるサービス）です。

これが、大きなイノベーションを引き起こしました。まさに今やケータイは、「送金・決済」を担う生活必需品になっている。だから、マサイ族も持っているのです。

そして有線電話もないのに一気にケータイが広がった理由の1つは、有線よりも携帯基地局の方が、敷設コストも安く一気に拡大できることです。さらに、基地局の敷設を、中国メーカーに委託したことも早期に広がった理由の1つのようです。

日本ではキャリアが主体となって基地局を敷設します。アフリカでは、中国のファーウェイやZTEなど、基地局メーカーに丸投げして敷設することが多いのです。

携帯事業を運営するのは現地の通信キャリアですが、基地局の敷設は丸投げする。だから、速いのです。しかも、需要は莫大ですから、基地局メーカーには大きなチャンスです。

私は一度、エチオピアで出会ったのですが、トラックにローカルスタッフを3人乗せた中国人が1人、基地局設置に奔走していました。聞けば1週間、ホテルにも泊まらず、すべてテントで寝泊まりするといいます。地方に行くとホテルがないからです。

日本の昭和の商社マンが鞄ひとつで世界を飛び回っていたような働き方を、今やファーウェイやZTEの若い社員がやっているのです。だから、どんなサバンナでも、ほぼ電波がつながるのです。

また、プリペイド携帯のインフラはシステム投資が安価なのも特徴です。私はルワンダに行くと、ローカルのSIMに差し替えます。5ギガ30日で900円（2020年末時点）ほど。安くて、とても便利です。

アフリカと東南アジアを比較すると、ほぼ互角

近年、中国・インド・東南アジアの成長が取りざたされ、「アジアの時代が来た」と語られることが増えています。一方で、アフリカ諸国については、日本では内戦や難民、飢餓、スラムといった昔のイメージがなかなか抜け切りません。

たしかに、農村を中心に貧しい人が多いのは事実です。しかし、都市化は確実に進み、着実な経済発展を遂げている国は少なくない。中間層も生まれてきており、各家庭にも、先進国と同じ製品が入り始めています。

アフリカ各国は東南アジア各国とほぼ互角（2017年）

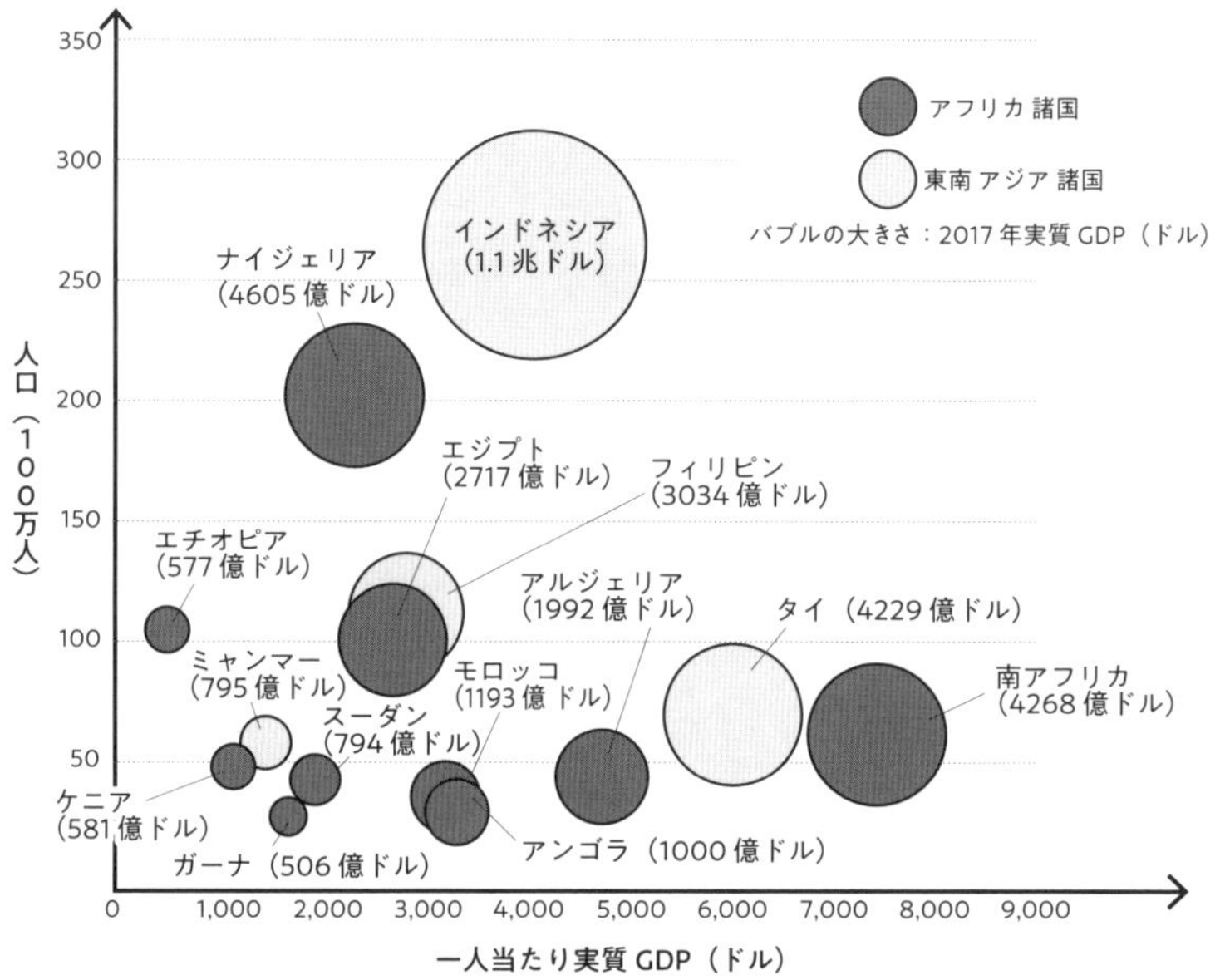

出所：世界銀行のデータを基に AAIC 作成。

実際、アフリカの主要国の一人当たり実質GDPと人口規模、GDP規模を比較してみると、東南アジア諸国と、ほぼ同規模の国々が並んでいることがわかります。

南アフリカで、タイと同じレベル。エジプトは、フィリピンと同じレベル。ケニアやエチオピアは、ミャンマーと同レベルで、スーダンやアンゴラ、モロッコなどは、フィリピンに近い一人当たりGDP規模になっています。

しかも、産業構造の変化も始まってきている。ケニアやエチオピアはまだ第1次産業の従事者が54％、60％ですが、南アフリカでは、第1次産業従事者は5％程度です。一方で第3次産業が72％もあります。実はこれは、日本よりも高い数字です。

ナイジェリアも発展が急激に進んで、第

アフリカ主要国は第3次産業が拡大している(2019年)

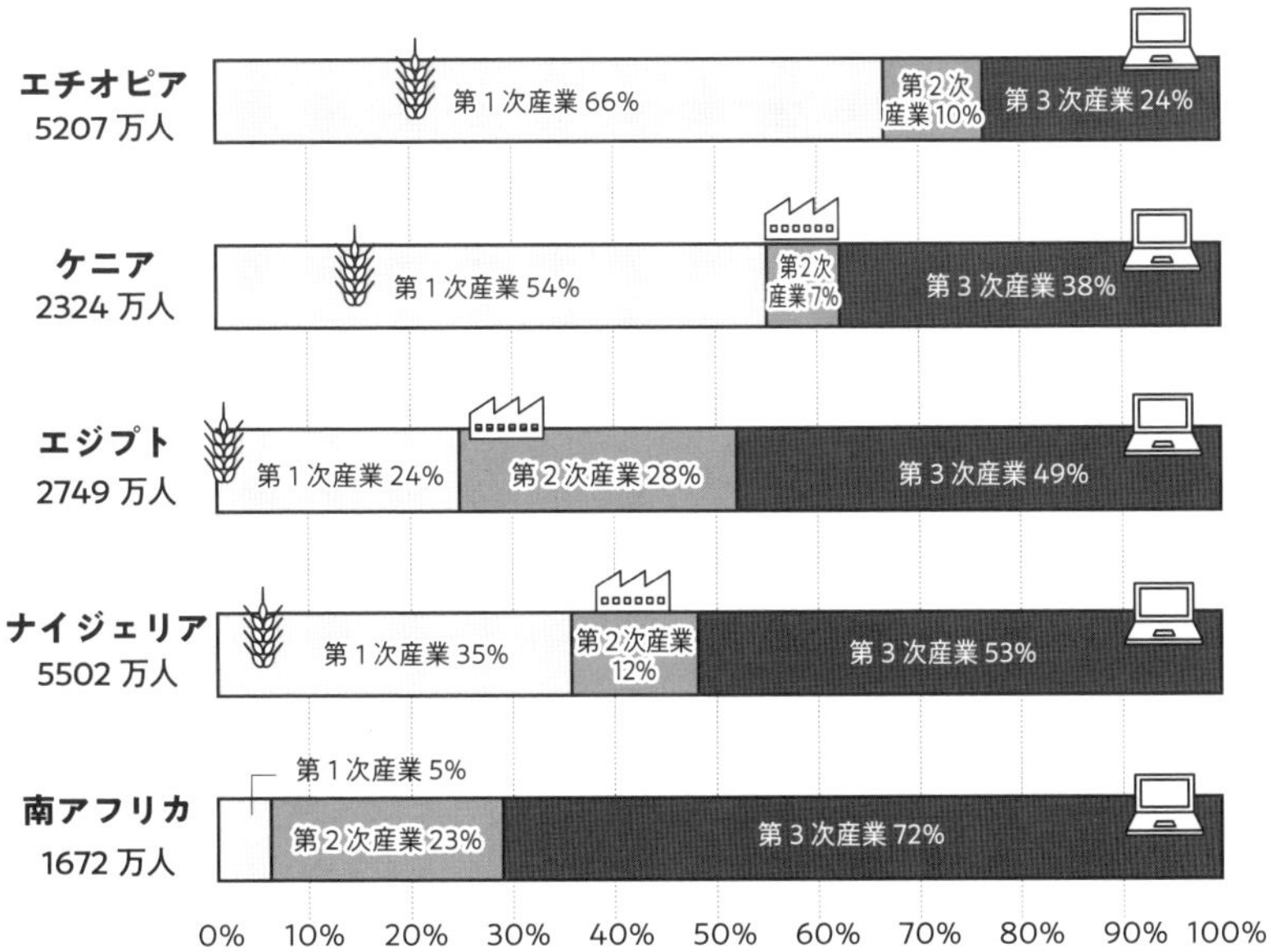

注：就業者数と産業別比率。
出所：各国関係省庁、JETRO、世界銀行のデータを基にAAIC作成。

3次産業が労働者ベースで53％まで来ています。エジプトも、49％です。エジプトは製造業比率が高いのも特徴です。

ケニアはやはり農村で働いている人たちがまだ半数以上いますから、この人たちの所得をいかに上げるか、ということが議論になります。経済発展が進むと、この第1次産業が減少し、都市への人口流入が進み、第3次産業などが拡大していくことになります。

アフリカの難しさは、第2次産業がなかなか立ち上がらないことです。エチオピアはGDP比率では立ち上がっているように見えますが、建設業がその半分以上を占めています。エチオピアは縫製業が立ち上がりつつあり、アジア型の発展の可能性がある国です。現在、日本の高度成長期のような建設ラッシュで、公団住宅や都市公共交通、高速鉄道などの建設が一気に進んでおり、建設業の割合が増えています。

アフリカ最大の国、ナイジェリアのGDPは約40兆円です。経済規模は長年、南アフリカがずっと1位でしたが、抜き去りました。ナイジェリアはGDPベースでの産業構造は分散しているのが特徴です。

一方、外貨獲得の9割は石油製品で占められています。内需は広く分散していますが、輸出は9割が石油製品。これは、産油国であることが理由ですが、他の産業も大きくなって、すでに税収では半分以上が石油以外からになってきているようです。考えてみれば、約2億人がいて、飢えない国。とてもポテンシャルがある国だと思います。

人気のショッピングモール、大ブームのフィットネスクラブ

2019年、ナイロビでブームになっていたものがあります。フィットネスクラブです。新型コロナの流行前までは、ナイロビではフィットネスクラブが人気でした。

日本でも、バブル期にフィットネスクラブ（当時はスポーツクラブ）が次々にできたことを記憶されている方も多いでしょう。それまでの日本では、お金を払って運動する／トレーナーをつけて健康維持する、ということは一般的ではなかった。そもそもそれまでは、近くにスポーツクラブがありま

せんでした。

　アフリカでも、こういう時代がやってきたということです。健康のためにお金を払って身体を動かしたい。そこで、ショッピングモールの中に次々とフィットネスクラブができ、ブームになっていたのです。また、スマホを使ってのエクササイズや、ダイエットのためのアプリなども多数でてきています。

　もちろん、これは都市部を中心とした上位の2割くらいの人たちの話ではあります。農村やスラムに暮らす人たちは、まだまだこの感覚はありません。しかし、ケニアの2割だけでも約1000万人。すでに大きなマーケットになりつつあるのです。

アフリカも肥満が増えている

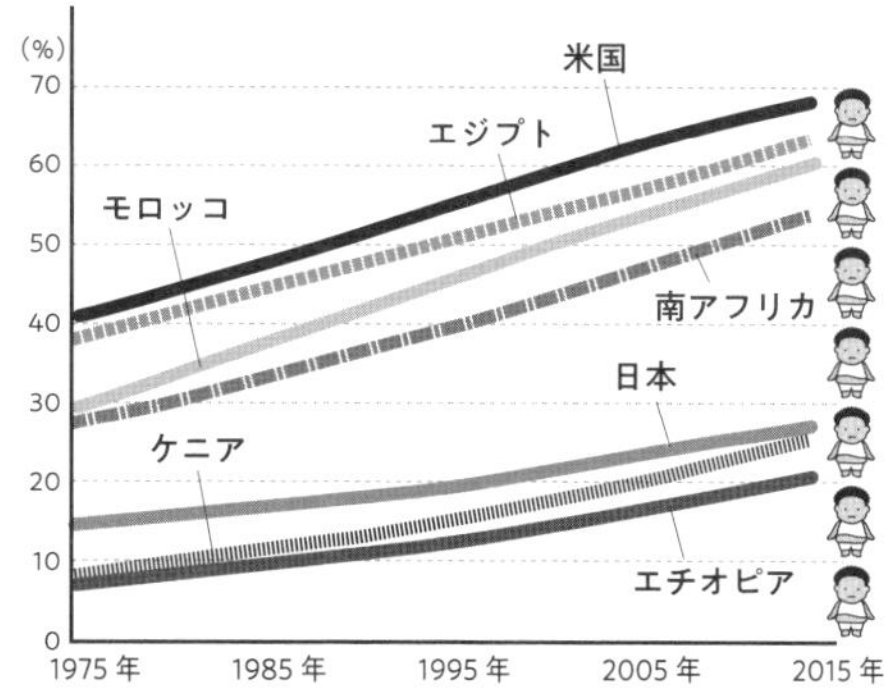

注：BMI25以上の成人割合。
出所：WHOのデータを基にAAIC作成。

　アフリカというと、飢餓の映像が頭に浮かぶ人も、日本ではまだまだ多いのですが、今や飢餓は、戦争・内戦や天災以外では少なくなってきています。国だけでなく国連やNGOやNPOなどによって、さまざまな支援があるからです。もちろん新型コロナにより一部の難民キャンプなどで食糧が不足することはあったようです。

　むしろ、アフリカで死の危険が高まっているのは、太り過ぎなどによる慢性疾患です。飢餓で死ぬ人は減少し、肥満による生活習慣病で死んでしまう人が、多くなってきているのです。

糖尿病、脳梗塞、心筋梗塞、癌といった、いわゆる慢性疾患（非感染症疾患）です。これらはアフリカで大きな問題になっていて、ケニアは国家ビジョン「Kenya Vision 2030」の中でその具体策を明示しています。

このビジョンの中には、住宅の充実や、製造業の拡充、と並んで、ヘルスケアが重点施策の1つとして、中でも大きなポイントが生活習慣病対策になっています。

これは後に詳しく書きますが、脳梗塞や心筋梗塞になっても、救急車が駆けつける制度がありません。人間ドックや定期健診もまだほとんど普及していません。一方、寿命は延び、癌や生活習慣病の患者が急速に増えてきており、人々は気をつけ始めている。それが、フィットネスブームにつながった要因の1つかもしれません。

コロナより、はるかに怖い結核、エボラ出血熱

新型コロナが世界に広がり、欧米では多くの死者が出ています。アフリカでも325万人（2021年1月15日）が感染しましたが、死者数は約7万8000人。致死率は2・4％。死者数が少ないのは、アフリカでは70歳以上の高齢者が少なく、若年層が圧倒的に多いことが主な理由のようです。

一方で、ロックダウンによって、HIV、いわゆるエイズやマラリアの死者も増加したと言われて

アフリカでの感染症による年間死亡者数

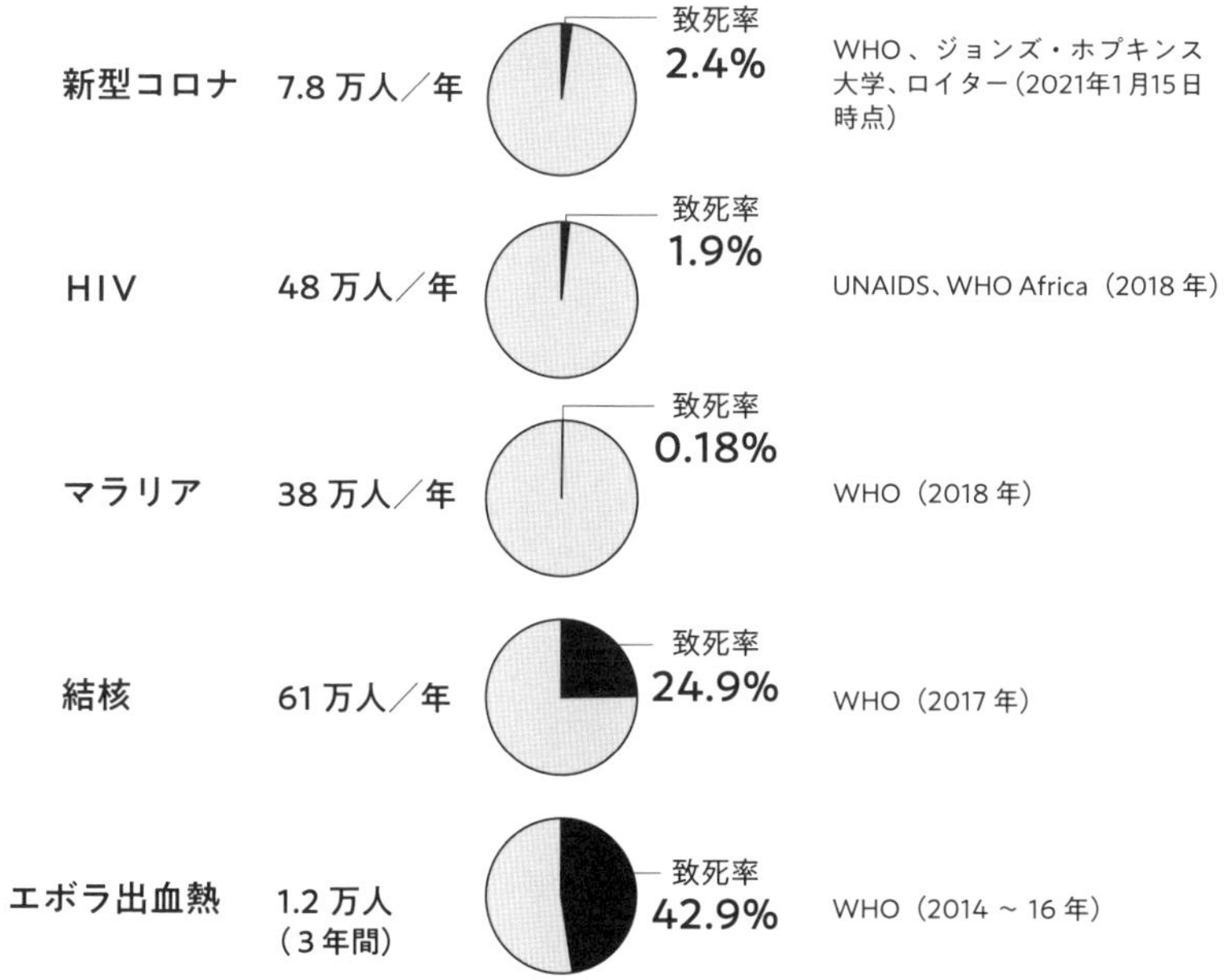

WHO 、ジョンズ・ホプキンス大学、ロイター（2021年1月15日時点）

UNAIDS、WHO Africa（2018 年）

WHO（2018 年）

WHO（2017 年）

WHO（2014 ~ 16 年）

います。新型コロナで病院に行けない。治療が受けられない、などが原因です。

実はＨＩＶは、世界の患者数のうち約７割（２５７０万人）がアフリカに集中しています。ＨＩＶ自体の致死率は約１・９％です。これは、多くの薬が開発され、安価で提供する仕組みがあるからです。

日本も約５００億円という多額の資金を提供していますが、グローバルファンド（The Global Fund to Fight AIDS, Tuberculosis and Malaria）などを介してエイズ・マラリア・結核などの検査や薬を、数ドルといった金額で提供できるようにしているのです。世界的な基金でサポートして、安く薬を出しているため治療は受けやすい。

公的な国民健康保険の普及率は、国によってさまざまです。ケニアのＮＨＩＦ（国立病院保険基金）は約19％の普及率です。ナイジェリアはまだ3～5％程度。ＨＩＶやマラリアが、グローバルファンドなどのサポートで格安の治療ができるのに対して、成人病である糖尿病や心臓疾患はそうはいきません。

がん治療も同様で、高額の治療費がかかる。健康保険がない場合は、なおさらです。治療費は高く、専門医や専門病院も少ない。専門医が特に少ない。

プライマリ・ケアと呼ばれる、基礎的な治療をしてくれるところは、ケニアだけでも1万２４６０施設（レベル2以上）あります。しかし、癌などを治療できるレベル5や6の施設は24施設しかありません（２０２０年）。

ルワンダは国を挙げて国民皆保険を導入しており、一人当たり年１０００円ほどですが、プライマリ・ケアは受けられます。高度医療は保険対象外になります。

実は三大感染症（エイズ、マラリア、結核）の中で、アフリカで最も多くの人が命を落としており致死率も高いのは、結核です。なんと年間約61万人（２０１７年、ＷＨＯ）が亡くなっている。致死率も約25％。日本は予防接種もあり年間の死者数２２０４人（２０１８年、厚生労働省）で非常に少なく、人口比で約25分の1です。

また、致死率がさらに高いのは、エボラ出血熱です。致死率は42・9％（ＷＨＯ）になります。患者数は少ないですが、新型コロナよりも圧倒的に恐ろしい感染症です。それだけに、各国とも対策が取られていて、あっという間に国境を封鎖します。

マラリアにかかってしまった日本人

また、マラリアで命を落とす人も多い。年間にアフリカだけで2億人が罹患し（約6人に1人）世界のマラリア患者のうち93％はアフリカ人です。ただ、今は薬が多数あって、致死率は0・1％程度です。

マラリアは原虫なので、確実な予防接種がなく、発症したら薬で原虫を排除します。時には、この薬が強過ぎて命を落とす人もいるようです。

私はアフリカに累積で数百日以上滞在していますが、一度もかかったことはありません。ところが、初めてアフリカに行ってかかってしまった日本人の方がおりました。マラリアは潜伏期間が2～3週間あって、すぐには発症しませんから、日本に帰国して熱が出て、おかしいと思って病院に行って、いろいろと調べたらマラリアだったそうです。

その病院ではマラリア患者はその人が9例目で、「この薬を使ってみましょう」などいろいろと試されたそうです。マラリアにかかったことで、その方は日本の病院では有名になったそうです。

アフリカ・ファクトフルネス②の答え

問1 アフリカのケニアのケータイ普及率は？

③ 113%

問2 アフリカの売上高1000億円企業の数は？

③ 400社

問3 アフリカが抱えている健康上の大きな悩みは？

③ 肥満

第3章

アフリカは かつて日本が経験した 急成長期にある

ビジネスチャンス

アフリカ・ファクトフルネス③

問1　ケニアの一般的な銀行貸出金利は？

①　5％
②　10％
③　15％

問2　ケニアの普通のOLが髪にかける費用は日本円でいくら？

①　月額1000〜2000円
②　月額2000〜3000円
③　月額5000〜1万円

問3　一人当たりGDPで日本の1980年レベル（約1万ドル）にある都市は？

①　アンゴラの首都ルアンダ
②　ガーナの首都アクラ
③　南アフリカの最大都市ヨハネスブルグ

ケニアの妊産婦死亡数は100年前の日本

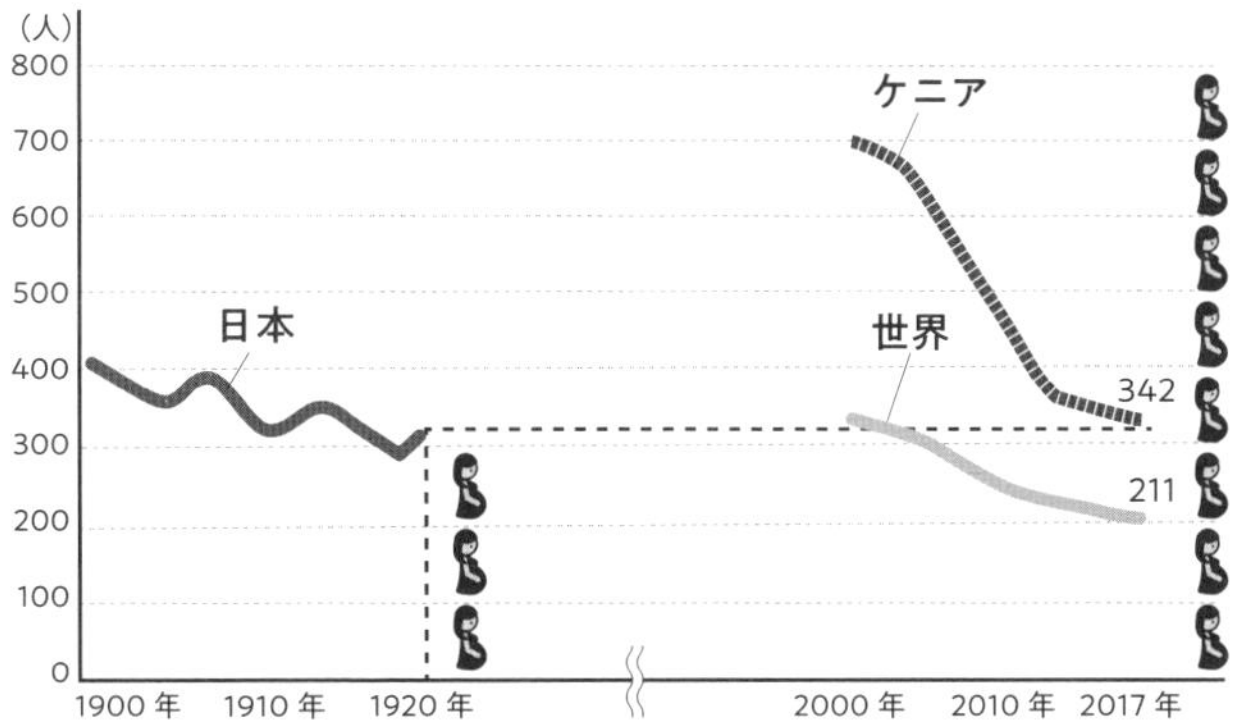

出所：World Development Indicatorsのデータを基にAAIC作成。

日本の40年から50年前のエリアが多い

MMR（Maternal Mortality Ratio）というデータがあります。出生数10万人に対する年間の妊産婦死亡数です。ケニアのデータを見てみると、ほぼ100年前の日本と同じ水準です。

2017年で世界平均は211人、ケニアが342人、OECDで14人、日本が2〜3人。日本は、MMRは世界的に最低水準です。しかし、日本も350人くらいの時代があったのです。それが約100年前です。

最大の要因は、妊婦さんが病院ではなく、自宅で出産することが多いことです。ここで出血多量などになってしまったら、間に合わない。もちろん、衛生環境、栄養状態の違いもあります。死因の半数は出産時における出血多量だと言われています。輸血が間に合わないのです。

血液バンクのような輸血の仕組みがない。そこで、「友達

アフリカ主要国の水道事情

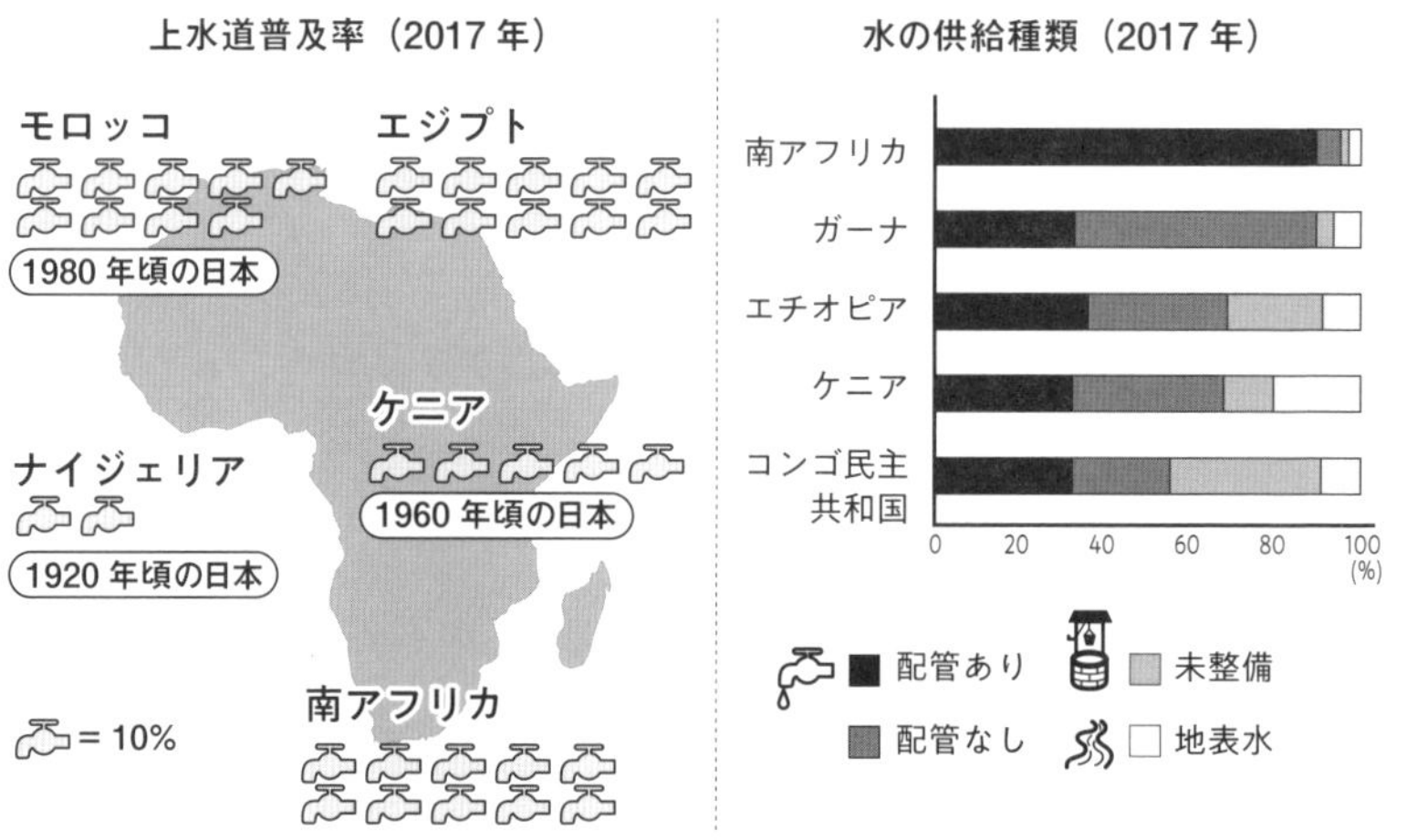

出所：ユニセフ、WHO、厚生労働省のデータを基に AAIC 作成。

でA型の人を４人連れてきなさい」なんて言うと、１人がエイズで、２人がマラリア、なんてこともあるそうです。

冗談ではなく、本当に農村部では、今でもある話です。そしてこれは、日本も乗り越えてきた道でもあります。

上水道の普及も同様です。日本が普及率50%を超えたのは、１９６７年頃です。それまでは、井戸水を使ったりしていました。

アフリカ諸国における飲料可能な水の普及度合いというデータがあります。「水道がある」「水道は来てないけれど近くに井戸がある」「川や池の水などを使っている」などのデータです。90%を超える水道普及率の国もありますが、いずれも、そのままでは飲めません。沸かさなければなりません。

ただ、これを見ると、アフリカの多くの国が60〜70%。日本は１９６０年代から70年代にかけて一気に

The Hub Karen

普及率が上がったのですが、その頃の日本と同じタイミングにある国が多いようです。

日本のＭＭＲや水道普及率と同様に、一定の経済水準になると普及が一気に進むものがたくさんあります。アフリカの多くの地域は、日本の70年代に近い状態にあると思っています。

都市部では日本の平均的収入を上回る層もでてきている

一方で都市部では、イオンモールのような巨大ショッピングモールが姿を現したりしています。２０１６年に、ケニアの首都ナイロビのカレン地区に「The Hub Karen」という名のショッピングモールがオープンしました。

ケニアで最もうまくいっている近代型ショッピングモールの１つで、８万㎡の敷地、３万５０００㎡の延床面積に１００近いお店が入っています。資本投下したのはＭＡＦというドバイの財閥です。中東の財閥が、ケニアにショッピングモールを作ったのです。

私は講演で写真をお見せして「これはどこの国のモールでしょうか？」とよく聞きますが、多くの人がアフリカとは思わないようです。日本のショッ

Garden City のレジデンス

ピングモール以上の出来映えだと感じています。フランスのスーパー、カルフールの東アフリカ１号店や、バーガーキング、ゲームセンターなどが入っています。現地の外国人に加え、週末には現地のアフリカ人で大賑わいです。

同じような大規模複合ショッピングモール「Garden City」ではレジデンスも分譲されています。広いリビングは、ＬＧの薄型テレビが備え付けられています。また最新鋭のシステムキッチン、ＬＧの７００ℓ大型冷蔵庫、サムスンの洗濯機、ヨーロッパ製の厨房機器も設置されています。各ベッドルームにはバスルームが併設されていて、大きな窓から外の緑が見えます。

販売価格は４０００万~８０００万円。購入者の７割は現地の人とのことでした。実はケニアには、世帯年収が８５０万ドル（９００万円）以上というリッチ層が10万世帯ほどいます。

２０１９年、この層が、南アフリカでは約８%、エジプトで約４%。ナイジェリアで０・８%。ケニアでも０・９%程度います。これをケニアの首都ナイロビだけで見れば、４・５%くらいになります。

日本の会社員の平均世帯年収は約５４０万円（２０１８年）です。世帯年収が３８０万円以上の層がナイロビで、約10%です。エジプトのカイロだと、46%程度です。エジプト全体でも、約13%が日本の平均世帯とほぼ同じくらいの収入を得ているのです（Economist "C-GIDD" 2019)。

何が言いたいのかというと、日本の商品を普通に買える新中間層が出てきたということです。実際、現地の家電販売店では、20万円以上するＬＧの大型薄型テレビや大型冷蔵庫が売られています。日本製でないのが残念でなりません。「何で日本製はないの?」と聞くと「だれも営業に来ないから。ＬＧやサムスンは営業が熱心に来るから」という返事でした。

日本の平均的収入を上回る新中間層が、都市部にはすでに一定数でてきたということ。日本のものは高くて売れない、とは必ずしも言えなくなってきている、ということなのです。

中国とアフリカは物価水準が似ている

このGarden Cityは、中国のゼネコンが施工した物件です。日本のゼネコンが施工した大型商業施設は、アフリカでは見たことがありません。ここで、興味深いと思ったのは、すべてのエレベーターが「上海三菱」製だったことです。

三菱電機が中国でＪＶ（合弁事業）をしているメーカーのエレベーターが、アフリカに持っていかれて使われていたのです。

道路・鉄道などのインフラ建設でもそうですが、中国のゼネコンがアフリカの工事を席巻しています。これには理由があります。現地のゼネコンよりも、中国のゼネコンのほうが安価で、かつ納期通りにできるからです。

なぜか。中国のゼネコンは中国国内で膨大な仕事をしてきています。中国での豊富な実績からの、価格水準、品質・納期レベルをそのままアフリカに持ってくることで、大きな競争力を持つからです。鉄骨やエレベーターなどの資材・住設、建機などもほとんど中国から持ってきます。現場のコアスタッフもそうです。先ほどの Garden City では、工事のときは350名ほどのローカルの労働者と40名ほどの中国人スタッフが働いていました。

どうしてこんなことができるのかというと、中国の物価水準と、アフリカの物価水準が、とても近いからです。

そのまま中国のものを同じ値段で持ってきても、十分に競争力がある。だから、見積もりも難しくない。中国で出す見積もりと、同じ見積もりをアフリカで出せばいい。中国で仕入れた建材やら重機やら、何でも持っていけばいいのです。海上コンテナであれば輸送費もたかがしれています。さらに中国では資材などは供給過剰で、それを輸出にまわしているとも言えます。

必要なものはすべてコンテナでアフリカに持っていき、人件費の安いローカル労働者を現地で調達する。そういうことができるのです。

これを日本のゼネコンがやろうとすると、そうはいきません。建設における価格水準が、日本のほうが大幅に高いからです。もとより日本のゼネコンはリスクを取りたがらない。

ODA案件のように国がすべてお金を出してくれて、保険もついて、リスクがほぼゼロでないとや

建築コスト比較（2019年）

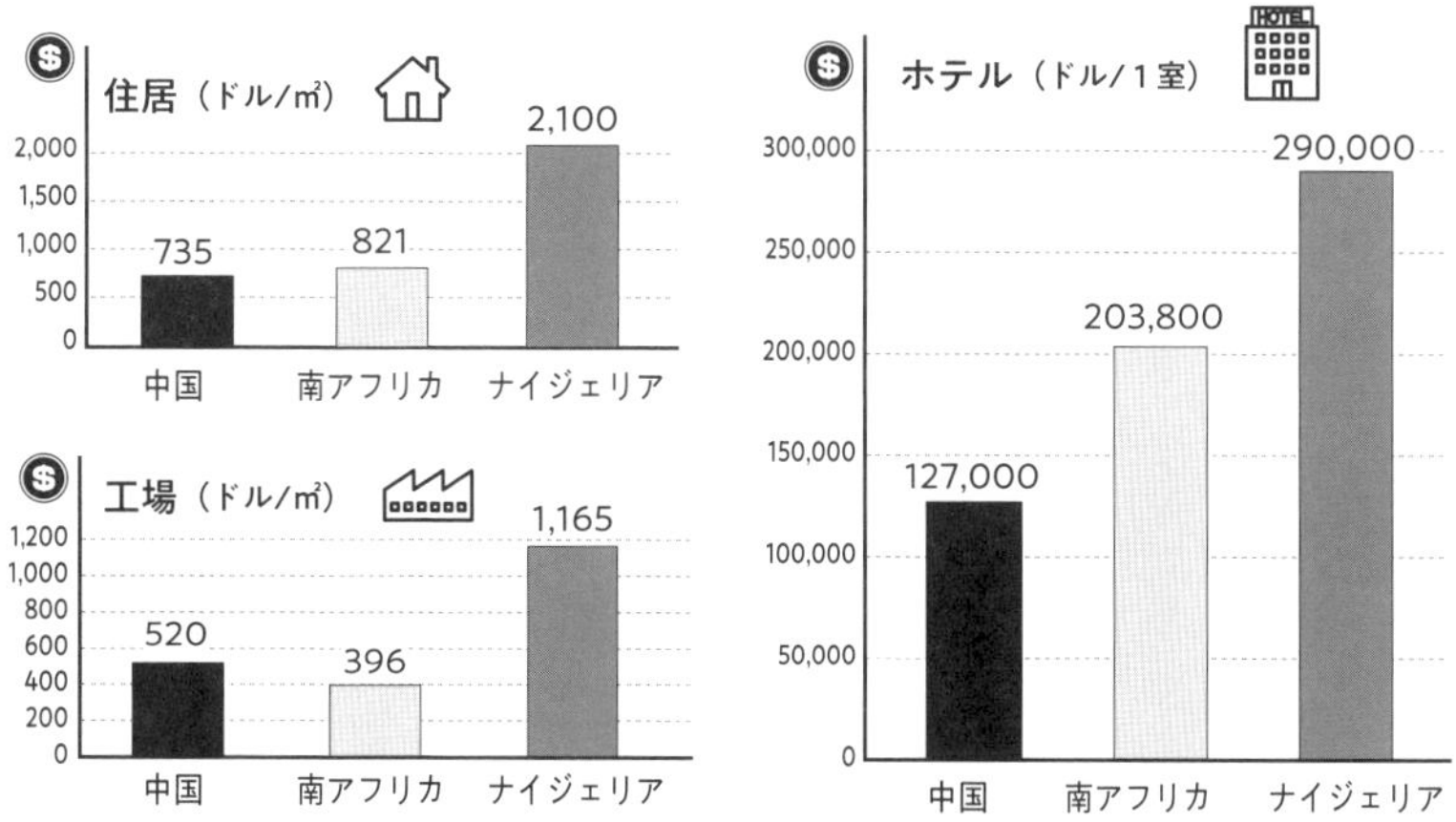

出所：AECOM レポート、The Guardian Nigeria の記事などを基に AAIC 作成。

らない。それでは、現地で事業を拡大するのは難しい。

もちろんODAによる日本のゼネコンによって作られた道路は素晴らしく、10年経っても穴ぼこが少ないと言われます。しかし、それだけです。中国の会社は、安いし、納期を守ってくれる。現地で量をこなすので技術力もどんどん上がってきた。だから、インフラに関しては圧倒的に中国ゼネコンなのです。高速鉄道も、高速道路も持っていく。併せて中国の政府系金融機関がその資金をサポートする。

インフラビジネスにおける日中の差は、国の支援の問題だけではありません。民間企業の意識と意欲の問題もあるのです。ただし、実際にはアフリカでの工事は大変です。作業員はレベルが高くなく休みも多い。いつも120%くらいの人員を確保しておかないといけない。「雨が降ったから来ない」というワーカーをマネージしないといけない。それを中国人はやっている。だから、工事を獲得できるのです。

日本の製造業の幹部と現地工場を訪問したことがあります。「ちょうど40年前、自分が入社した頃と近いレベル。値段も同じぐらいだ」という人がおられました。逆にいえば、40年前の値段で勝負すれば、見込みがあるということにもなります。

実際、これをアジアでやったのが、ホンダです。１９９０年代初期、当時で20〜30年ぐらい前の設計図を取り出してアジアで二輪車を作ったそうです。復刻版の量産化です。これなら、勝負ができます。もちろん部品がもうないとか、人件費があわないとかいろいろと苦労はあったそうです。

一人当たりＧＤＰとライフイベントの相関

あるときエチオピアで、早朝、銀行の前に人だかりを見ました。何をやっていたのかというと、公団住宅の抽選です。そこに並んで抽選をして、当たって頭金を10％程度積んだら公団住宅が買えるそうなのです。

これが大人気で、毎朝すごい行列になっている。当然だと思います。絶対に値段が上がるからです。エチオピアだと、3〜5年で2倍になるそうです。50㎡で３００万〜４００万円程度。これが、値上がっていくのです。

実はこれと似た光景が50年前の日本でも繰り広げられていました。もっとも日本では、抽選は銀行の前ではなく、はがき抽選でした。典型的な例が多摩ニュータウンです。１９７０年代初頭の売り出し価格は約400万〜800万円。そして5年程度で約2倍になったそうです。

多摩ニュータウンの開発が決定した1966年前後は、日本の一人当たりGDPがちょうど1000ドルを超えた年です。面白いことに、後のアジアでもアフリカでも同じなのですが、一人当たりGDPが1000ドルを超えると、中所得者向けの公団住宅（新興国ではアフォーダブル・ハウジングという場合が多い）を国が整備し始めるのです。しかも、決まって値段は400万〜500万円ぐらいから。

そしてこのような共通事項は、公団住宅だけに限りません。新興国と日本との一人当たりGDPによる「時代換算マップ」が描けるのです。

注意しなければならないのは、一人当たりGDPを国と首都とで分けて考えることです。新興国では首都のほうが国全体より3倍程度高くなります。アフリカでもまだ7〜8割の人は農村に暮らしており、それを入れた平均だと低くなります。これだとマーケティングを間違えることになります。首都で見ていくのが大事です。

つまり、最初の大きな目安が「一人当たりGDP1000ドル」です。多摩ニュータウンだけではありません。1000ドルを超えると、新幹線や高速道路など都市のインフラづくりが本格化してきます。

そして、1000ドルを超えるとスーパーマーケット・ショッピングモールの開業が始まり、中古車やバイクが普及してきます。そして、地方から若者が続々と都市に流入してくる。いわゆる都市化

対象国・地域		アフリカ	一人当たりGDP	過去の日本でいうと		日本での主な出来事
国	都市					
アルジェリア		●	3,980	1973年	高度成長	
ナイジェリア	ラゴス	●	4,060			
インドネシア			4,164			
アルジェリア	アルジェ	●	4,448	1974年		セブン-イレブン1号店（豊洲）
ラオス	ビエンチャン		5,028	1975年		
インド	デリー		5,045			
ベトナム	ホーチミン		5,164	1976年		自動車普及率が50%
イラン			5,506			
カンボジア	プノンペン		5,675			
南アフリカ		●	6,100			
ケニア	ナイロビ	●	6,229			
エジプト	カイロ	●	6,284	1977年		海外旅行者300万人
アンゴラ	ルアンダ	●	6,867			
南アフリカ	ヨハネスブルグ	●	7,761			
タイ			7,792			
ボツワナ		●	7,859			
インドネシア	ジャカルタ		8,230			
イラン	テヘラン		8,654			
トルコ			8,958	1978年		新東京国際空港（成田）開港
フィリピン	マニラ		9,016			東急ハンズ渋谷店開業
中国			9,771	1980年		中央自動車道全線開通（1982年）
マレーシア			11,137	1984年		東京ディズニーランド開業（1983年）
タイ	バンコク		13,011	1985年		関越道全線開通
トルコ	イスタンブール		15,503			
マレーシア	クアラルンプール		17,473	1986年	バブル	海外旅行者500万人
中国	上海		20,162			六本木アークヒルズ開業
サウジアラビア			22,865	1987年		安田火災「ひまわり」購入

時代換算マップ　～日本は答えを知っている～

対象国・地域		アフリカ	一人当たりGDP	過去の日本でいうと		日本での主な出来事
国	都市					
コンゴ民主共和国		●	501	1960年		富士急ハイランド開業（1961年）
エチオピア	アディスアベバ	●	756	1964年		東京五輪
ウガンダ		●	770			海外渡航自由化
エチオピア		●	953	1965年		多摩ニュータウン発売開始
タンザニア		●	1,105	1966年		
ミャンマー			1,245	1967年		
ザンビア		●	1,307			
ウガンダ	カンパラ	●	1,385			
セネガル		●	1,428			
カメルーン		●	1,515	1968年		ダイエー首都圏展開
カンボジア			1,621			（レインボー戦略）
コートジボワール		●	1,691	1969年		
タンザニア	ダルエスサラーム	●	1,744		高度成長	
ケニア		●	1,998	1970年		日本万国博覧会開催
ガーナ	アクラ	●	2,006			すかいらーく1号店（府中）
ミャンマー	ヤンゴン		2,062			
インド			2,172			
ナイジェリア		●	2,222			
ガーナ		●	2,223			
ラオス			2,670	1971年		日本マクドナルド1号店（銀座）
ベトナム			2,740			
アンゴラ		●	3,038	1972年		海外旅行者100万人
エジプト		●	3,047			ダイエー戸塚店オープン
チュニジア		●	3,287			（当時首都圏最大）
フィリピン			3,294			
モロッコ		●	3,345			
コートジボワール	アビジャン	●	3,361			

注：一人当たりGDPは2018年の名目値（ヨハネスブルグ、カイロ、デリー、バンコクは2017年）、単位はドル。
出所：内閣府、IMFのデータ、C-GIDD、各種報道を基にAAIC作成。

の始まりです。土地の値段もこのあたりから急速に上昇します。

実際、エチオピアは大規模な公団住宅だけでなく、高速鉄道や高速道路ができました。国でいえばウガンダ、セネガル、都市でいえばタンザニアのダルエスサラームやコンゴ民主共和国のキンシャサなどで同様のことが起きています。

日本は再び世界からのインバウンドで溢れる

次のポイントは、「3000ドル」ラインです。日本では1972年頃です。このラインは外食元年でもあります。日本でマクドナルド1号店ができたのが、1971年の銀座。すかいらーくの1号店も1970年です。

ケニアのナイロビが、2014年頃に3000ドルを超えました。その頃、ケンタッキー・フライド・チキン、ドミノ・ピザ、コールド・ストーンが進出してきました。ちょっと遅れて、バーガーキングができました。

3000ドルを超えると、大型ショッピングモールも出てきます。当時、私は子どもで横浜に住んでいましたが、日本最大のダイエー戸塚店がこの頃にオープンしたのをよく覚えています。

巨大なアドバルーンと店内のダイエーの歌は鮮烈な思い出です。1000ドルまでは中古車やバイクですが、3000ドルを超えると新車（乗用車）が売れ始めます。カラーテレビ、クーラーなども売れ始めるタイミングです。当時「3C」といわれていました。

アフリカで3000ドルラインにあるのが、ナイジェリアのラゴス、国でいえばエジプトやモロッコです。

次のポイントが「1万ドル」です。日本でいうと1980年あたり。消費文化が爛熟・多様化してきます。日本では東急ハンズ渋谷店（78年）ができ、渋谷の109（79年）ができ、東京ディズニーランド（83年）ができた。1万ドルを超えると、こういうものにお金を使えるようになるのです。スーパーやデパートで買い物するだけではなく、ちょっと変わったものが欲しい、カッコイイものがほしい、となって新しい文化が生まれるのです。それが1万ドルラインです。

1万ドルでは、海外旅行も一気に広がります。ちょうど今（2020年）、中国が国全体で1万ドルに届こうとしていますが、海外旅行がさらにブームになっていくでしょう。

日本では、海外旅行者が1986年に500万人を突破、1990年に1000万人を突破と、たった4年間で2倍に伸びました。スキー場などのリゾートでのレジャーが本格化するのも1万ドルライン。

中国の都市部ではもう2万ドル以上になっているので海外旅行ブームがすでにきていますが、これから全土で1万ドルを突破して、全土レベルでブームが広がるでしょう。それを考えると今後、インバウンドは新型コロナ流行前のレベルでは済まない。

とんでもない数の中国人が日本に来るでしょう。人口は13億人。今までの5~10倍、日本に来てもおかしくない。

「新型コロナってなんだったんだ」と言われるようになるには4〜5年かかると思いますが、日本のインバウンドは大きな可能性がまだたくさんあると思います。

アフリカで1万ドルのレベルに達しているのは、南アフリカのヨハネスブルグと、豊かな石油資源を持つボツワナ、リビアです。

日本人は、これからアフリカで起きることを知っている

時代換算マップを作っていて、改めて感じたのは、あらゆる世界の国が、国で3000ドル、都市で1万ドルはほぼ到達できるのではないか、ということです。戦争・内戦をせず、政治がある程度しっかりしていれば。それだけ、人類に叡智がついていると思います。

もともと、近代工業化は欧米にしかできないと言われていた時代もあったのです。100年前の植民地時代はそのように考えられていたようです。ところが、日本が欧米以外で初めて近代工業化に成功しました。

そして戦後しばらくして、NIESと呼ばれていた台湾や韓国が近代工業化を成し遂げ、次に中国、さらには東南アジア、インドも近代工業化を実現させていった。非欧米諸国だから経済発展できないなどということは、ありえなくなったのです。人種や歴史や国民性は関係がなかった。

あらゆる国が一定レベルまでの経済発展が可能だと思います。世界銀行だったり、ＩＭＦだったり、コンサルタントだったりがそのためのノウハウを持っている。そして多くの人たちに「豊かになりたい」という根源的なモチベーションがある。

日本のように第２次産業の輸出から立ち上がったり、資源で引っ張ったり、成長パターンはさまざまで、時間軸も国によってまちまちかもしれません。でも、国で３０００ドル、都市で１万ドルまでは行ける。伸びていく。

そして一足先に３０００ドル、１万ドル、２万ドルをこの50年で体験してきた日本人は、実は、どのタイミングで何が起きるかを、よくわかっているはずなのです。

ファッション雑誌を出すのであれば、どのタイミングなのか。１万ドルなら、どんなものが必要とされるのか。そうした経験やノウハウを、もっと活かすべきです。同じようなことがこれから起こる国々がたくさんあるのですから。

中国でも、東南アジアでも、インドでも、ほとんど同じタイミングで、同じことが起こっています。これはアフリカにも必ず起きるはずです。もっと復習をして、アフリカでビジネスを推し進めていくべきなのです。答えはわかっているはずなのですから。

振り返れば、私が生まれた頃は、日本はまだ一人当たりＧＤＰが１０００ドルの国でした。そのあたりから高度成長を経て、奇跡と言われる凄まじい成長を遂げていった。円も強くなった。当時は、あちこち工事だらけでした。

しかし、3万ドルを超えたあたりで、日本は完全に足踏みをしてしまいました。マンションを買ったら、数年後には2倍、3倍となっていた時代から、今や値上がりどころか目減りしてしまうことが当たり前になった。

ちなみに、米国はそうではありません。1990年に買った家が、2020年には4～5倍になっている。株もここ30年間で日経平均は横ばい、ニューヨーク（ダウ平均）は約9倍です。平成の30年間で、日本は完全に国のかじ取りを間違えたということです。資産も増えず、給与も上がらず、経済成長も低水準のままだった。そして、世界の一人当たりGDPランキングも、30位近くまで順位を落としてしまった。

3万ドルまではうまくいったけれど、そこから先のビジネスモデルを構築できなかった。得意だった家電・ケータイ・半導体などのモノづくりで韓国・中国に負け、GAFAのような新しい事業も生み出せなかった。ここからいかに新たな経済モデルを作れるか。今、日本はそれが問われていると思います。

金利の高さは経済が急成長ゆえ

「時代換算マップ」は、実は金利の高さからも見ることができます。アフリカの多くの国では銀行の一般貸出金利は、軽く10％を超えるレベルになっています。預金金利が10％を超える国もある。こ

アフリカは貸出金利もインフレ率も高い（2018年）

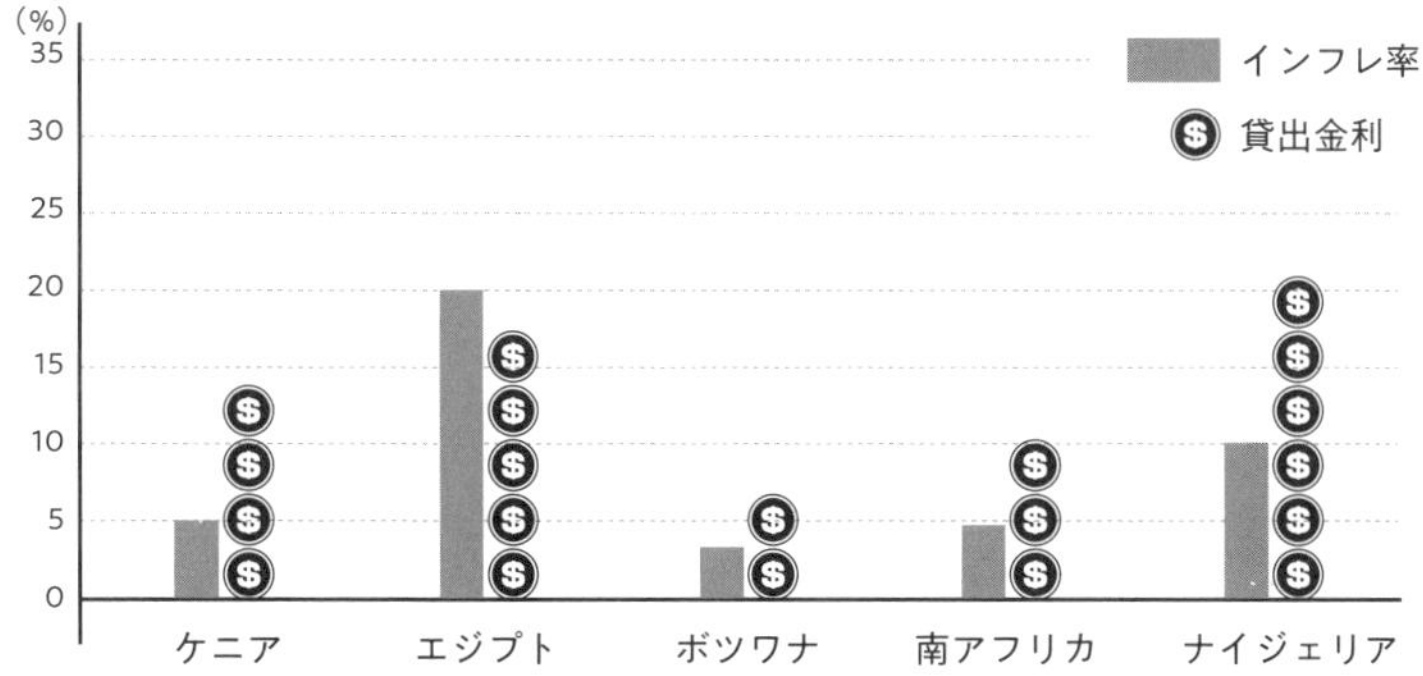

出所：世界銀行、IMFのデータを基にAAIC作成。

れは、インフレのリスクと金融政策などに起因しています。

ただ、ナイジェリアのように貸出金利が20％以上の国や、マラウイのように30％を超える国では、お金を借りてのビジネスは非常に困難です。中小企業が育ちません。産業政策では、大きな問題です。

マイクロファイナンスもありますが、もっと金利が高い。月利20％などというケースもあります。昔の日本の闇金の「トイチ」、10日で1割まではいかないにしても、これでは持続的なビジネスは厳しい。

これはアフリカ経済の大きな問題で、貸出金利はなんとか10～15％程度に下げないと厳しいのです。

超低金利が続く日本から見れば、驚きの金利ですが、実は日本にも似たような時代があったことを知っている人は少なくありません。1970年代まで、インフレ率も高く、貸出金利は10％を超えていたし、住宅ローンも10％程度だったのです。

それでもインフレがあるので無理をしてでも住宅を買ったほうがいい、という時代がありました。それ以上に住宅の価格も上がったからです。10%近い金利は、現在では驚きですが、それでも借りて買ったほうが良かった時代があったのです。

預金金利も高かった。4~5%の金利が普通でした。無記名の割引債券ワリコーやワリチョーは、5~7%の金利がついていた。7%ということは、10年持っていれば、2倍になります。100万円が7年で200万円に。1000万円が7年で2000万円に。

しかも、驚くべきは無記名だったこと。爆発的なヒットになったのは、当然のことだったと思います。何千万円ものお金をリュックに詰めて、日本興業銀行や日本長期信用銀行の窓口で買った人も当時はいたそうです。

おそらくアフリカにも、同じようなことが起きるでしょう。経済が発展する、金利も高い、土地は上がる、給料も上がる。そんな時代を迎えているアフリカには、面白い金融商品ができるかもしれません。もちろんリスクも大きく簡単ではないとは思います。

ちなみに中国の都市部が今、日本の1990年代に差し掛かるところです。6~7%の経済成長率が、3~4%まで落ちてくるでしょう。それに伴って金利も下がる。デフレ傾向になる。さらには人口も減り始める。

果たして、日本と同じ轍を踏まないために、中国が何をするのか。要注目です。

髪の毛のお洒落を楽しむアフリカの女性

アフリカの女性には髪型を褒めよ

豊かになってきたことを敏感にキャッチして楽しんでいる。そんな象徴的な姿が、アフリカの女性にあると私は感じています。

一人当たりＧＤＰが３０００ドルを超えたケニアのナイロビでは、普通の会社で働く女性たちが髪の毛のお洒落にかける月の費用が、実に５０００～１万円にもなるのです。月収は5万～8万円ぐらいですが、平気で５０００～１万円近くを髪に使うのです。

このデータは、私たちが実際に女性たちに調査した数字です。リアルな女性たちの消費の姿なのです。都市部はもう、ここまで来ているようです。

実はアフリカの女性たちは、基礎化粧品はあまり使いません。最も気を使うのが、髪なのです。もともと独特の髪質です。そこで、みんなウィッグなり、ブレードなりをします。週に一度、サロンに行って3時間ぐらいかけて編み込んだりしています。

高い場合は、サロン代が1回２０００～３０００円。月に3回行ってウィッグなども購入すれば、月1万円近くになります。これは、アフリカ女性ならではのお金の使い方、といえるかもしれません。

このように、アフリカではこの髪関連市場（ウィッグ、エクステンションなど）が巨大市場になっています。人毛も人気ですが、高価なので人工毛髪が主流です。直毛のウィッグだったり、編み込みのブレードだったり、形は色々ですが、アフリカの女性には、素敵な髪型にしたいというニーズがとても高いのです。

アフリカの美容院のフェイスブックやインスタグラムでは、実際の商品や施術の様子などを見ることができます。

日本の美容院ではまずやらないことをやっています。まずは頭のサイズを測定する。そして、ストッキングのようなメッシュをかぶって、そこに人工毛髪を編み込んで、オリジナルのウィッグを作っていくのです。

面白いのは、すでにあるウィッグを購入するだけではなく、自分の好みのウィッグを、その場で作ってもらうことも多いようです。

それを外出するときに着用し、寝るときにははずす。これが、フルウィッグのタイプ。他に、エクステを地毛に編み込んでいくタイプもあります。これは、次に美容院に来るまでの1週間ほど、髪の毛を水で洗うことができません。よってドライシャンプーなども多数あります。

日本には全くないマーケットなのですが、これがアフリカで大きな市場になっているのです。

女性の心を射止めた日本の人工毛髪用原料繊維技術

そして、このウィッグやエクステンションを作るのに欠かせないものを提供して、アフリカで年間数百億円もの事業をしている日本の会社があります。近年、アフリカで成功している日本企業の1つといってもいいかもしれません。

化学メーカーのカネカです。化学の技術を使い、人工毛髪用の原料繊維を提供しているのです。商品名「カネカロン」。これを使ったウィッグやエクステンションが、アフリカの女性に支持されているのです。

ウィッグやエクステンションを作るとき、理想的なのは人毛を使うことです。しかし、さすがに人毛は高価過ぎる。ウィッグにすると、高いものだと5万~10万円になってしまう。これでは、なかなか手が出ません。

そこで、人工毛髪なのです。そして人工毛髪のポイントは、まず人毛によく似ており、使いやすいこと。これは大前提であり、当然なのですが、もうひとつ大事なポイントがあります。それは、燃えにくい、ということです。難燃性です。頭にかぶるものだけに、安全性が大事なのです。

私がまだ小さい頃、人形が燃えて事故になったニュースがありました。セルロイドで作られていたので、とても燃えやすかったのです。

カネカの人工毛髪用の原料繊維「カネカロン」は難燃性で、ライターで火を近付けても、火を離せば燃え広がったりはしません。これが、なかなか他社ではできないことなのだそうです。「カネカロン」はいずれも難燃性で、女性に「安全で質の高い美」を届けることをモットーにしています。

実際、そっくりなものは作れても、燃えにくくすることが難しい。だから、競合がなかなか出てこない。巨大な市場ですから、中国のメーカーが廉価版の人工毛髪用繊維を出したりもしているのですが、まだまだ日本企業に優位性があります。

カネカの製品は、洗っても大丈夫なものや、ヘアアイロンでカールができたりするものもあります。こうした日本の繊細で高度な技術が、アフリカの女性に受け入れられているのです。

このように、お金もかけ、時間もかけ、トレンドも意識して、髪をケアしているアフリカの女性たち。ですから、アフリカの女性に会ったら、注目すべきは、髪なのです。「髪型、素敵ですね」と会話を始めてみてください。

一人当たりGDPが3000ドルを超えると、都市部では、こういうことが起き始めます。そして1万ドルを超えると、多くの人がブランドものにも目が向かうようになります。

日本でも、1980年代に空前のDCブランドブームが起きました。そのころ、コシノジュンコ、ケンゾーなど、世界に出ていく日本人デザイナーも多数現れました。アジアでも、1万ドルを超えるとローカルブランド/ローカルデザイナーが出てきました。

アフリカ女性たちも、次はブランドに目が向かうのか。それとも、レジャーに向かうのか、海外旅行なのか。いずれにしても、消費は爛熟と多様化に向かうのです。

COLUMN

生まれて初めて給与をもらって労働する、という人たち

私が2008年に立ち上げたのは、アジアやアフリカなど、これから発展していく新興国で投資やコンサルティングをするというビジネスでした。その中で、なぜ、ルワンダで200ha(東京ドーム約40個分)にもなる広大なナッツ農園と加工工場を運営することになったのか。

それは、大前研一さんがやっているビジネス・ブレークスルー（BBT）大学で、ひとつの出会いがあったからです。佐藤芳之さん。1963年にアフリカに渡り、ケニアでマカデミアナッツのビジネスを立ち上げ、大成功された人です。

その佐藤さんが設立したのが「ケニア・ナッツ・カンパニー」。1974年に創業し、ケニアでマカデミアナッツ農園と加工を始めるのですが、以来、直接雇用で4000人以上／間接雇用で10万人以上のアフリカ人の仕事を生み出したそうです。

約50年前の事業を始めたばかりの当初、ほぼ全員が初めて定期的に給与をもらう仕事についた人たちでした。給与労働が初めてだった。それまでは自給自足の生活が中心でした。

創業初期は、銀行口座も持っていませんから、当時は直接の現金手渡しです。そうすると、翌日から来なくなる人がいたそうです。そして、1カ月、2カ月たつとポツポツみんな帰ってくる。もらったお金を使い切ったので、また働き始めるのです。

そもそも人間というのは、そういうものだったようです。とくに男性は、狩りで獲物を獲ったら、食べ尽くすまで働かない。これが当時だと、お金をもらったら、使い切るまで働かない、というわけです。

一方、当時（1970年代後半）のケニアは、日本よりも早くILO（国際労働機関）の提示する当時の最先端の基準に批准していたそうです。労働組合の設置から、労働時間・労働条件、年次休暇、各種手当・労災補償などの各種制度です。日本も当時まだ批准していない最先端の内容だった。この理想と現実を埋めるのも大変苦労したそうです。

また、当時は「お金を貯める」という概念も乏しかった。そもそも銀行口座をもっている人がほとんどいません。そこで会社で「互助組合」を作って積み立て制度を導入しました。給与から本人1％＋会社2％の負担で毎月積み立てます。その運営は選出されたローカル社員が行いました。そこから、結婚のお祝いや家の建て直しなどに出してあげる。社員に非常に喜ばれた制度だったそうです。

さらに、当時は「老後」という概念も非常に薄かった。1970年代後半の平均寿命は50歳代。政府の年金制度もあったそうですが不十分。よって会社で「リタイアメントベネフィット」という保険のような制度を作ったそうです。これは、引退後、毎月、若干ですが一定の金額がもらえる年金のような制度です。これも社員には大いに感謝されたそうです。

また、トレーニングや研修も積極的に行いました。学校、外部のセミナーや研修に行かせたりした。経理や業務管理などの業務研修だけでなく、生活設計や家族計画などの研修も実施したそうです。

そのような努力もあり2世代・3世代にわたって「ケニア・ナッツ・カンパニー」で働く社員さんがたくさんいます。

この話を聞いて思ったのは、人間の常識には本能的なものと、後天的なものがあるのだなということです。貯金するとか、老後に備えるということは、後天的なもので、社会や教育によって、培われていくもののようです。

有名な「モーゼの十戒」は、人間の本質をよくわかっていて、当時（今も）の人間ができていないことが書かれているのです。それこそが人間なのです。

このような話を聞かせてくれた佐藤さんに、ルワンダでナッツ農園を一緒にやろう、と誘われたのでした。

ルワンダ政府は、その数年ほど前から農家に苗木を配っていたそうです。ルワンダでも実がなり始め、加工工場を作ってほしい、という話があったそうです。ちょうどその頃にお会いし、一緒にルワンダでマカデミアナッツのビジネスをすることになったのです。

ルワンダは、初期の発展途上国の1つです。自給自足の人もまだたくさんいます。これは自分がやる意味があるな、と思いました。

ケニアで佐藤さんは４０００人以上を直接雇用しました。私たちはまだ３５０人程度です。農村部では1日１・５～２ドルの報酬が相場。1日１５０～２００円。日本なら、コンビニのアルバイトの時給の6分の1以下です。でも、これが現実です。しかし、これは「アンフェア」そのものだと感じています。

ちなみに、エチオピアでは今、トルコや中国などの縫製工場が４００社以上進出してきています。ＺＡＲＡやＨ＆Ｍの欧州のアパレルは、トルコや東欧の製造拠点で作っていたものをエチオピアに移している。中国やバングラデシュより人件費が安いからです。

若い縫製工場の工員の月給（２０１８年）は、概ね中国で５００ドル、ベトナムで３５０ドル、ミャンマーで１５０～１８０ドル、バングラデシュは少し昔で80ドル、今は１００ドル、これがエチオピアだと50～60ドル。25日で割ると1日2～3ドル（約２００～３００円）。エチオピアには今、縫製工場がどんどんできています。安い人件費をレバレッジして輸出で成長するというアジア型の経済発展ができる可能性があります。生産性が低いとか、管理職クラスが極めて少ないなど、問題も多々ありますが、アフリカはある意味ラストリゾートなのです。この流れは他のアフリカ地域でも、強く起きてくると思います。

アフリカ・ファクトフルネス③の答え

問1 **ケニアの一般的な銀行貸出金利は？**

③　15％

問2 **ケニアの普通のOLが髪にかける費用は日本円でいくら？**

③　月額5000～1万円

問3 **一人当たりGDPで日本の1980年レベル（約1万ドル）にある都市は？**

③　南アフリカの最大都市ヨハネスブルグ

第4章

アフリカは先端技術が日本より浸透している

イノベーション

アフリカ・ファクトフルネス④

問1 ケニアのモバイルマネー「M-PESA」の普及率は？

① 成人の26％
② 成人の56％
③ 成人の96％

問2 ルワンダ（人口1200万人）で遠隔診断を受けている人の数は？

① 累積24万人／人口の2％
② 累積60万人／人口の5％
③ 累積240万人／人口の20％

チャージした通話料が通貨のように使える「M-PESA」決済

日本でもじわじわと利用率が上がってきているモバイルマネー。しかし、中国などに比べて、まだまだその割合は低いことがニュースになったりしています。

実際には、日本のモバイルマネーが遅れているのは、対中国だけではありません。米国と比較しても遅れていますし、もっといえばアフリカと比べても遅れているのです。

例えばケニアでは、人口の7割／成人の9割以上が、モバイルマネーを使っています。ただ、日本のＳｕｉｃａやＰａｙＰａｙのような方式とは大きく異なります。スマホやガラケーにチャージした通話料を、そのまま通貨のように使うというモデルなのです。

まず、最初に理解すべきは、アフリカのケータイのほとんど（98％）がプリペイド方式だということです。アジアでも同じですが、遊牧民など住所不定者も多数いますし、銀行口座やクレジットカードをもっていない人も多く、後払い方式だと通話料を回収できないのです。よってプリペイド方式なのです。端末を購入したら、まずプリペイドで通話料をチャージする。それで利用する。

このチャージした通話料を「他の人にも送れて、現金に払い戻せる」のがこのサービスの最大の特徴です。

これが、ケニアの最大手通信キャリア、サファリコムが展開している「Ｍ－ＰＥＳＡ」というサー

チャージした通話料が決済に使える M-PESA

ビスです。ＰＥＳＡはスワヒリ語でお金という意味です。ケニアではＭ－ＰＥＳＡのショップ・代理店が至るところにあり、ここでケータイに通話料をチャージしたり、現金に払い戻したりすることができます。ＡＴＭの代わりです。

ショップはパチンコの景品交換所のような見た目で、都市部はもちろん、スラムのような場所など、どこにでもあります。ケニアだけで14万カ所以上（２０１７年時点）あります。サファリコムで一定の手続きをするとＭ－ＰＥＳＡの代理店になることができます。

チャージした通話料は、コンビニでもガソリンスタンドでもファストフード店でも決済に使えます。

Ｍ－ＰＥＳＡには、6桁の番号がそれぞれに割り振られていて、自分のケータイからその6桁の番号に送金するのです。例えば、髪についてアフリカの若い女性にインタビューしたときには、その謝礼を6桁の番号を聞いてＭ－ＰＥＳＡで送りました。

それこそ都市部にいるホームレスの人たちも、「Help me」という意味の言葉の手書きプレートに、M－PESAの6桁の番号を大きく書いているのも見かけます。空き缶にコイン、ではないのです。ホームレスでさえM－PESAなのです。

2018年時点で、年間のトランザクションは約4兆5000億円規模になっています。これは、ケニアのGDPの約半分弱に当たります。全銀行の年間トランザクションの約2倍。文字通り、ケニアで暮らすには、なくてはならないのがM－PESAなのです。

フルバンキングサービスが銀行なしで実現

M－PESAで驚かされるのは、モバイルマネーというだけではなく、預金を行うこともできますし、与信がつけばローンを組むこともできることです。ただし、規制があり送金は1回約15万円、1日約30万円までです（2021年2月現在）。ここが、銀行との住み分けの部分です。

ただ、ケニアで1日30万円も送金する人は限定的です。ほとんどの人は、この範囲内でなんの不便もない。だから人々の間では事実上、送金も決済も預金もできて、ローンも組める欠かせないモバイルバンキングになっている。

ディスラプティブイノベーション（破壊的イノベーション）とも呼ばれていますが、もはや銀行が必要とされていない、ということです。勘定系のシステムもいらない。支店もいらない。ATMもい

M-PESAの機能

①送金
非M-PESAユーザーにも送金可能（送金先の携帯番号を入力する）

②現金引き出し
M-PESA代理店にてデポジット残高から現金を引き出し可能

③決済
電気代・水道代といった公共料金支払い、ECサイトでの購入、提携オフライン店舗での支払いなどが可能

④携帯代チャージ
自分用だけでなく知り合いの分のチャージも可能

⑤ローンと預金
ローンを組んだり、定期預金や目標額を決めた預金が可能

出所：サファリコムのHPなどの情報を基にAAIC作成。

らない。通信キャリアのシステム一つで、リテールのバンキングサービスができてしまっているのです。

しかも、チャージした通話料がそのまま現金のように使えるわけですから、多くの人が現金を持たなくなった。おかげで現金の紛失や、強盗の心配もないのです。

万が一、ケータイを紛失しても、データはサーバーの中です。ケータイの中にあるわけではない。ここが、Ｓｕｉｃａのような日本の電子マネーとの違いです。チャージした本体をなくしたとしても、Ｍ－ＰＥＳＡではデータが消えることはないのです。

そしていつでも、現金に戻せる。実は日本では、ここができません。例えばＳｕｉｃａやＰａｙＰａｙは、いったんチャージしたら基本的に現金に戻せない。資金決済法の規制があるからです。

しかし、ケニアではこの規制がなく、チャージしてあるお金は自分のものだから現金として引き出せていいはずだ、という、至極まっとうなやり方が社会に広がっています。チャージはできるけど、現金に戻せないから使い切ってください、という日本とどちらが便利なサービスかは一目瞭然です。

ケニアにも銀行はあります。ただ、農村を含む一般の人はあまり銀行に行きません。銀行口座を持っているのは、全体の3割弱。言ってみれば、お金持ちだけです。ですから仕事の報酬も、振り込みも、多くの人がM－PESAを使っています。

若者が田舎の母親に仕送りしたいときなどM－PESAが活躍します。母親は銀行口座がなくていい。日給をもらったら、毎日、半分を田舎に送っている、という若者もいます。

預金だと、元本保証で6％ほどの金利がつきます（2019年）が、M－PESAを使えば家賃も払えるし、学費の支払いもできるし、公共料金も払える。道端でバナナを売っているような露店でも使えます。

中国のアリペイのように、QRコードを読み取る必要もない。もとより日本のモバイルマネーもそうですが、中国のアリペイも銀行口座がないと開設できません。M－PESAは、銀行口座もいりません。ケータイさえあれば、全部できる。だから、爆発的に広がったのです。

送金、決済、預金、ローンを、フルバンキングサービスと呼びますが、ケニアではすでにこれがM－PESAで実現しているのです。日本より、よほど進んでいるといってもいいでしょう。アフリカの他のモバイルキャリアも同様のサービスを行っており、ほぼすべてのアフリカの国で同様のサービスがあります。

固定電話を引かずに、いきなり携帯電話が広がったことなどは、「リープフロッグ（蛙跳び）イノベーション」と呼ばれたりしますが、それは通信の世界だけではありません。金融、医療、物流など、あらゆる分野で起きています。

アフリカには、レガシー（既存インフラ・既得権益者・岩盤規制）が少ないため、先進技術が、一足飛びに社会に広く浸透するのです。

ケニア市場の4割弱、1兆5000億円の時価総額

M-PESAのサービスを行っているケニアの通信キャリア「サファリコム」はケニア市場に上場しており、その時価総額は1兆5000億円（2021年1月15日時点）を超えています。実はケニア株式市場全体の時価総額が4兆円ほどなので、その4割弱をサファリコムが占めていることになります。この価値の多くはM-PESAの価値といってもいいでしょう。

ケニアのGDPの半分弱のトランザクションを扱っているということは、大変な量のビッグデータを持っていることにもなります。もちろん個人の与信もできる。しかも、ケニアの成人の9割以上の人たちについて、です。

実は国の中でお金がどんなふうに動いているか、M-PESAによってわかります。大きなポテンシャルとインパクトを持った社会インフラなのです。

実際、ストラクチャードワーカーと呼ばれている、きちんと定期的に給料をもらっている公務員や銀行員、軍人などは2割ほどしかいません。こうした人たちは銀行口座を持っていて、天引きで税金

サファリコムの株価推移

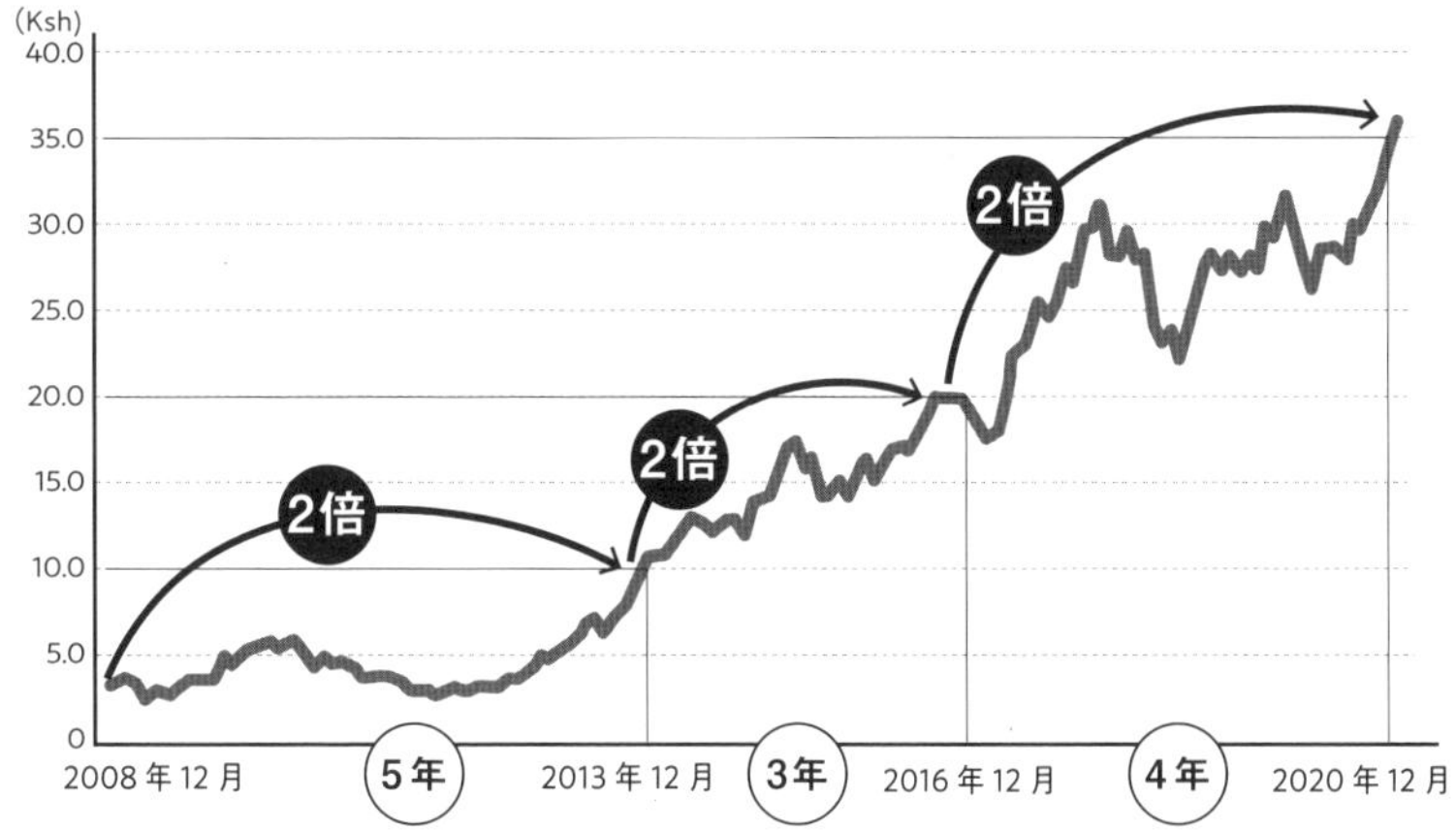

出所：サファリコムのHPの情報を基にAAIC作成。

や社会保険料などを徴収することができます。

しかし、残りの8割は主に農村に暮らしていて、銀行口座も持っていないし、自給自足。一時的な収入があってもポケットに入れているので、税金も健康保険料も徴収することが、ほとんどできなかったのです。

ところが、M-PESAによって、そのような8割の人からもお金を徴収する手段ができた。すでにケニアでは、税金、健康保険料、公共料金などをM-PESAで払うことができます。それにより、地方のインフラが充実し、人々の生活の向上につながってきています。

しかもM-PESAならマイクロ課金もできます。先に紹介した、ソーラーパネルを1日約50円で払う、というのもM-PESAだからこそできるのです。バイクのローンの支払いもM-PESAです。毎週1000円から2000円という支払いをM-PESAでするのです。

M-PESAの利用状況から与信もわかるので、それでローンが提供できるのも特徴です。

アフリカでは多くの国で、国民総背番号制を導入しています。産まれたとき、番号が一人一人に振られるのです。実はこの番号（国民ＩＤ）がなければ、携帯電話を契約することができません。Ｍ－ＰＥＳＡも使えません。すべてが紐付いているのです。不正に新しいケータイの番号を取ろうとしても国民ＩＤがあるのでそれが困難になっています。

日本のように、保険証番号に免許証番号、パスポート番号にマイナンバーカードと、全部バラバラ、なんてことがない。すべて国民ＩＤで紐付いている。

ちなみにナイジェリアは、アフリカで最大のＧＤＰの国なのですが、モバイルマネーがケニアほどは浸透していません。理由は簡単で、モバイルキャリアが提供しているモバイルマネーサービスは、規制などによって使い勝手が悪いからです。よってナイジェリアでは、銀行系やベンチャー系のモバイルマネーの利用がメジャーになっています。

ちなみに、サファリコムの株式の約3割を持っているのは、イギリスの通信キャリア「ボーダフォン」です。このあたり、イギリスはさすが旧宗主国です。

ＡＩ診断ベンチャーがユニコーン企業に！

他にもアフリカでは、リープフロッグ的な先進事例が多数でてきました。

近年、先進国のベンチャー界で起きている1つのモデルがあります。研究開発は先進国で行い、商用サービスを最初にアフリカで行うというモデルです。理由はシンプルで、レガシーが少なく先進のサービスがすぐに提供できるからです。

その1つに、イギリスのベンチャー「babylon/babel」がスタートした遠隔診断／ＡＩ診断サービスがあります。２０１9年末時点で、すでに累積で２４０万人以上が、このサービスを使っているといわれています。

babylon/babel が商用サービスを本格的にスタートさせたのは、ルワンダでした。ルワンダの保健省と組み、地域医療と連携して展開しています。

ご想像いただけると思いますが、ルワンダには病院が多くありません。人口の8割がいる農村部には大きな病院はほとんどありません。代わりにヘルスセンターと呼ばれている施設が全国に50カ所程度あります。このうち三十数カ所を選び、そこの人をトレーニング。モバイルのＡＩ（現在は実証中）やコールセンターでの診断、ナースでの診断、最後はドクターでの診断という遠隔診断の体制を作っています。

具合が悪くなった患者はまずケータイからＡＩのチャットボットで症状を入力していきます。そうすると、ＡＩが症状を初期診断して返答します。

もし、これで解決できない場合は、ナースが出てきて対応します。それでも難しい場合は、最後にドクターが出てきて、遠隔で診断を行います。

費用は1回２００ルワンダフラン。日本円で20円ほどです。これも、モバイルマネーで支払います。

２０１9年時点では、いきなりＡＩのチャットボットを使うことのハードルが高く、まずはアポを入れ、費用をモバイルマネーで支払って、そのあと5分以内にコールバックがあり、ナースなどのコールセンターで対応していました。

一般薬であれば、コールセンターで対応ができます。医科向けの処方薬の場合は、ドクターが処方します。処方箋は電子的に発行します。

babylon/babelは「世界で最も先進的な医療プラットフォームを構築し、診断をより手軽にし、個人に対応した健康診断や治療を世界に提供する」ことを目標にしています。従業員数は１７０人ほどですが、２０２０年にはすでにユニコーン企業（時価総額10億ドル超のベンチャー企業）になっています。

日本は医師が約28万人、人口１０００人当たり2・4人いますが、ケニアでは０・2人、エチオピアで０・１人。日本の25分の1ほどしか医師がいません。近くの医者に行こうとしても、バスに乗って数時間、なんてケースもざらにあります。

そこで、地域のヘルスセンターと遠隔診断を活用することにしたのです。２０１9年当時で1日に約２０００コールあったそうですが、最終的に病院を紹介したのは17％だったそうです。83％はこの遠隔診断で完了したのです。

つまり、本来なら１００人病院に行っていたところが、17人まで減らせた。大変な医療の効率化につながった。いずれは、このノウハウが先進国に広がっていく可能性があります。米国の大手の保険会社がこれに注目し、これを自社の北米の保険ユーザーに利用してもらうことを検討しているそうです。それによりbabylon/babel社がユニコーン企業になったのです。

もし、これを日本でやったらどうなるか。外来診療が83%減ったら大騒ぎです。だから、アフリカから事業をやる、とも言えます。

そしてAIドクターは、専門分野が広いことも特徴です。アフリカはドクターの数が少ないですが、専門医はもっと限定的です。感染症は詳しいが、癌や循環器系が詳しいドクターは本当に少ない。むしろ、AIドクターのほうが幅広い領域で7割程度の精度で診断ができるようです。

今は、ルワンダに続いて、ウガンダでも話が進んでいるそうです。ちなみに地方のヘルスセンターの役割は、アプリの使い方の説明や英語の通訳をすること。実際のアクセスの8割は地方のヘルスセンターからで、農村地域での仕組みづくりが利用増に結びついているようです。

ドローンで血液を15分で配送

こちらもすでにユニコーン企業になっているベンチャーです。サンフランシスコの企業で、ドローンの商用物流サービスをルワンダとガーナで行っている「Zipline」です。事業は、ドローンを利用した血液や医薬品などの物流事業です。いわゆる、ドローンデリバリーです。

ドローンといっても固定翼型で、発射台（カタパルト）から飛び出していくと後は自動で飛び、自動で戻ってくる自律飛行型ドローンです。最高時速80㎞、ルワンダでは平均15分で病院に到着、パラシュートで血液や医薬品を落下させて自律運転で帰還します。

固定翼のため天候の影響が少なく、約1・8㎏までの製品を一度に配送可能です。血液バッグなら3つ。ドローン専用空港が、ルワンダに2カ所、ガーナに4カ所あります。1つの空港で半径80㎞の範囲をカバーしていますす。2019年当時、1日200フライトの商用物流をしていたそうです。

仕組みは単純。アプリで病院から注文を受けると、積み荷を胴体に入れ、配達先を入力、発射台に乗せてボタンを押せば、自動で飛んでいきます。

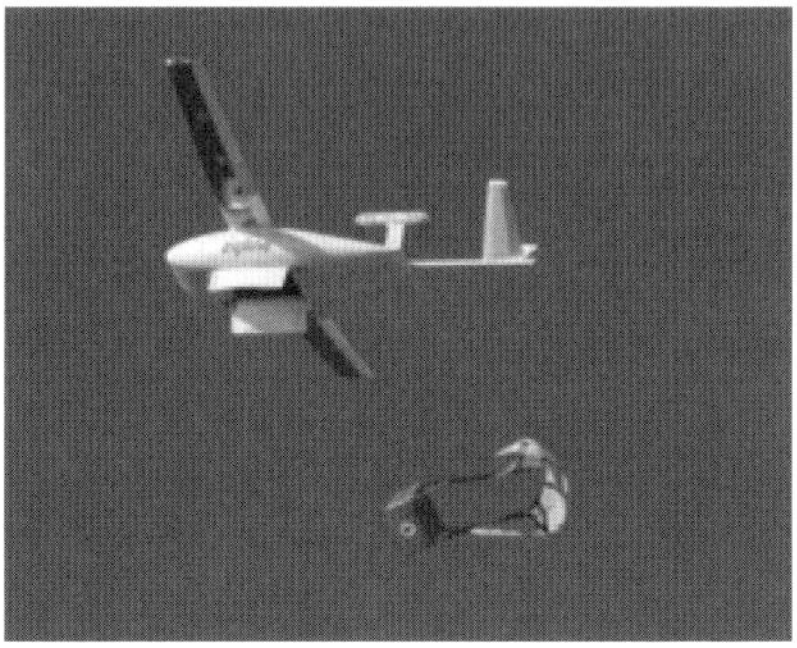

Zipline のドローン

ルワンダでは、2つの専用空港でほぼ全土をカバー。ルワンダで必要な血液の約6割の輸血血液をZipline で配送しているそうです。

どうして血液をドローンで運ぶのかというと、アフリカにはまだ血液を各病院にストックしておく仕組みが不十分で、道路のインフラも脆弱だからです。よって、空港近くの2カ所のセンターにストックしておき、そこから全土にZipline が運ぶのです。

しかも、使われているのは「全血」です。先進国では成分輸血です。赤血球や血小板などを分けています。しかし、アフリカにはまだ成分を分ける機械が十分にない。全血は傷みやすく、保存期間は短い。よって、センターでまとめて保管して、全土に配送しているのです。さらに地方は未舗装道路も多く、雨季は道がドロドロになり、バイクでの配送も時間がかかります。アフリカ全体では年間8億回の輸血機会があり、現状はその半分程度しか提供できていないそうです。出血多量で多くの人が亡くなってしまう。そんな実情があるからこそ、求められているサービスです。

ドローンベンチャーは世界中に数千社あるようですが、最も時価総額が高いのがこの会社です。時価総額はすでに15億ドルに達しているそうです。日本の大手商社なども出資しています。

商用物流サービスとして数多く飛行実績を積むことで、ドローンの頭脳はどんどん進化します。これが最大の差別化の要因になり、評価されているのです。この実績をもとに全世界に展開していく可能性がある。アフリカは、その実験場になっているのです。

モバイル式超音波診断機で遠隔医療

こちらもすでにユニコーン企業になっている、米国のモバイル式超音波診断機の「Butterfly」です。ハンディタイプの超音波診断機です。最大の特徴はスマホ直結型でクラウドにつなげ、遠隔診察やAI診察が可能なことです。

健康診断などで超音波診断機を使う際は、ドクターや専門技師が直接操作し、その場で診察・診断するのが通常です。Butterflyでは、操作の研修を受けた人が操作をして、そのデータをクラウドにアップします。それをＡＩや専門医がチェックし診察ができるのです。本人が操作することもできます。

スマホ直結なので電源がなくても使えます。その場に専門の医師がいなくてもいいので医師の少ないアフリカにはうってつけです。

地方のヘルスセンターや病院、産婦人科の検診や内臓疾患の検診、新型コロナ感染症の検診にも使われ始めています。

従来型の超音波診断機は、１台２００万円程度します。ところがButterflyは、その10分の1の２０００ドル（約20万円）です。

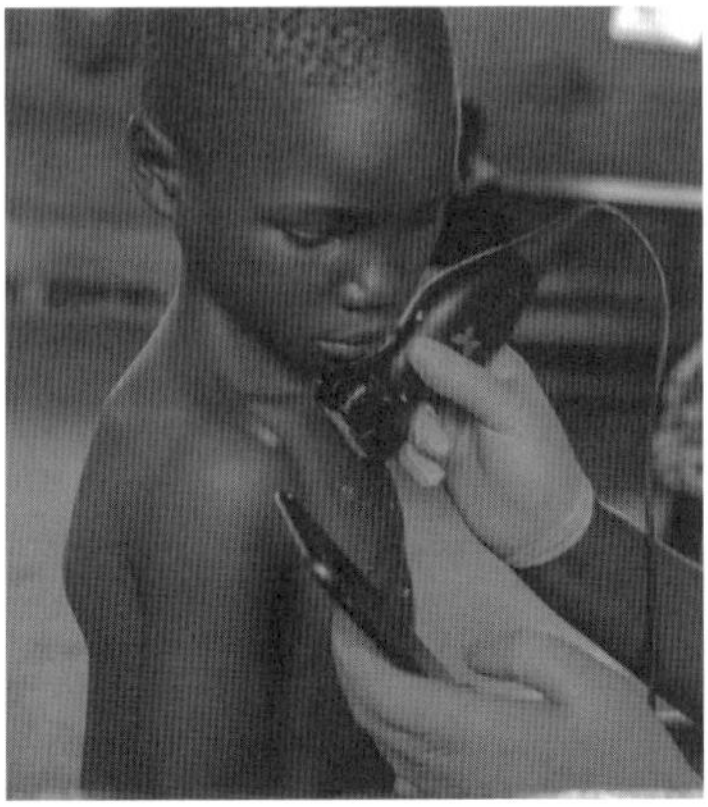
Butterflyのモバイル式超音波診断機

しかも売り切りではなく、クラウド使用料なども含めたサブスクリプションモデルを導入しています。
アフリカなどの新興国では、さらに安価な料金で使用できるようにもしているようです。

２０１９年、米国でＦＤＡ（米国食品医薬品局）の認証を取り、アフリカや中南米などでも展開を始めました。既存製品よりも安価で、しかもサブスクでできる。ＵＩ（ユーザーインターフェイス）も極めて使いやすくできており、感心させられます。

新しい医療機器のビジネスモデルということで、一気にユニコーン企業に躍り出ました。これもまた、医療機器のディスラプティブイノベーションと言っていいでしょう。

何より大きいのは、ビッグデータの獲得です。ＡＩ開発では、教師データを含む、実際のデータをいかに多く集められるか、学習させられるかが、極めて重要です。そうでなければ、賢くならないからです。

ドローンベンチャーのZiplineが高い評価を得ているのも、毎日200フライトもの実際の商用飛行をしているから。ドローンの頭脳も、飛ばせば飛ばすほど、賢くなります。どんどんデータを蓄積できる機会を得られることは、大きな強みになるのです。

なぜ、これらのベンチャーがアフリカで本格商用サービスを始めるのかというと、既得権益や規制が少なく、データの蓄積ができるからです。日本のような、東京23区は飛ばせない、有視飛行のみ、事前申請が必要、積み荷が落ちたらどうするか、などがんじがらめの環境では、データ蓄積に時間がかかり過ぎて、競争に負けてしまいます。

Butterflyの商用サービスは12都市ほどで、本格的な展開はこれからのようですが、すでに大きな注目を浴びています。お腹の中にいる赤ちゃんの動画が撮れて、自分のスマホでもその動画が見られるので、産婦人科でも人気のサービスになっているそうです。

ライブマーケティングでアフリカ版TikTokが急成長

新型コロナウイルスが拡大していく中、アフリカでもロックダウンをする国が多数ありました。その間に、ダウンロード数が急増、ロックダウン開始から1・5カ月で、ダウンロード数が3倍になっ

コロナ禍で「アフリカ版TikTok」ダウンロード数が急増

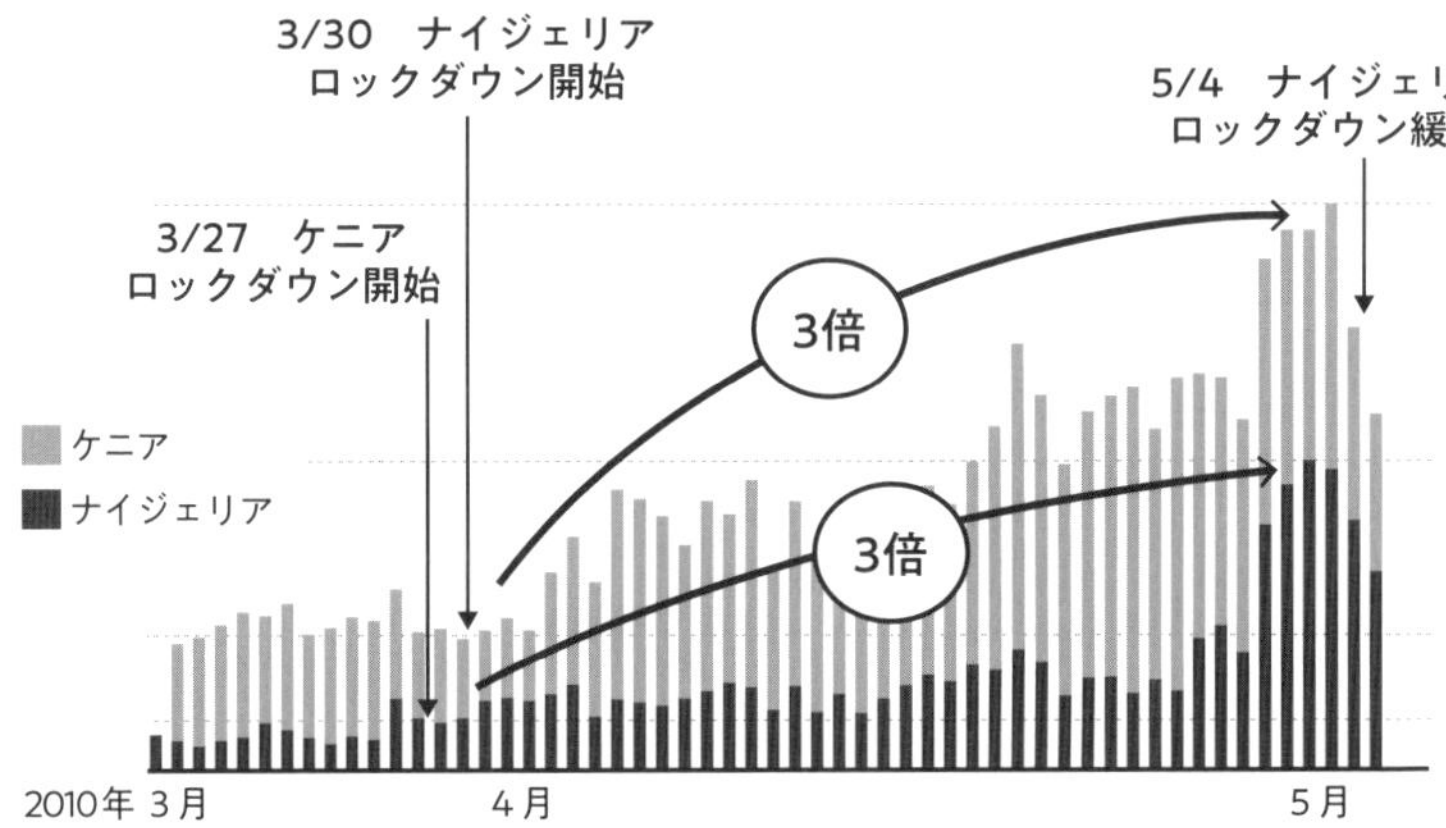

注：ダウンロード数は公開されていない。ロックダウンは、ケニアはナイロビ都市圏を対象に外出禁止は夜間のみ。ナイジェリアはラゴス、アブジャ、オグン州が対象で完全外出禁止であったが緩和後は外出禁止は夜間のみに。
出所：App Annie などの各種記事を基に AAIC 作成。

たアプリが「Vskit」です。

Vskitは、アフリカ版TikTokとも呼ばれ、アフリカの若者たちに人気になっています。

日本ではあまり話題になっていませんが、中国などでTikTokが人気なのは、面白い動画があるだけでなく、自分が気に入ったものを動画で紹介し、そこから買ってくれたらアフィリエイト（手数料）がもらえる仕組みもあるからです。これこそが、今や世界の最先端のマーケティング手法になってきているのです。

日本では、ネットで稼いでいるのは、有名ユーチューバー止まりですが、中国ではユーチューバーではなく、KOL（キーオピニオンリーダー）、KOC（キーオピニオンコンシューマー）などと呼ばれる人たちがでてきています。

TikTokや淘宝直播（タオバオライブ）の映像を通じて、彼らが直接、ライブで商品を売ってしまう。

そして、その人たちに多額のアフィリエイトが落ちるのです。

今や中国のマーケティングは完全にこのライブマーケティング／ＫＯＬ・ＫＯＣマーケティングにシフトしています。世界ではすっかりこちらが主流になってきています。そして、同じことがアフリカでも起きているのです。

実際、あるナイジェリアの学生は、Vskitでオンライン広告のモデルとして生計を立てていると語っています。２０１９年10月時点でのフォロワーは16万人以上。中国などに比べればまだ控えめな数字ですが、こういう若者たちが次々に出てきている。

このVskitの運営会社Transsnetは、アフリカ最大のスマホメーカーのトランシオン（伝音科技：香港）とネットイース（中国大手ＩＴ企業）のＪＶ（合弁事業）です。中国で成功したモデルをいち早くアフリカにもってきています。

Vskitは、コンテンツの品質を保証するため、現地のＫＯＬを管理する専門チームをすでに置いています。また、定期的にさまざまなコンテストを開催し、有望な人材を選抜してＫＯＬとして育て、現地のビデオスタジオやタレント事務所などと協力して、ショート動画の作り手をリクルートしたりしています。

アフリカには、ＫＯＬ／ＫＯＣを束ねるＭＣＮ（マルチチャンネルネットワーク）がほとんど存在していません。よってVskitが、ＭＣＮの役割を果たさなければいけない、という幹部の発言がありました。

アフリカでもテレビ広告が急減するか？

近年、中国で驚くべきことが起きたことは、日本ではあまり報じられていません。テレビの広告が急減してしまったのです。数年でテレビ広告市場が約3兆円から約1兆円と3分の1に。代わりにネット広告が約7兆円規模になったのでした。

今や中国では、トヨタも資生堂もテレビ広告をほとんどやらないそうです。日本ではテレビ広告市場は1兆5000億円と、2019年にネットに逆転されたものの、ほぼ同じ規模があります。しかし、中国では3分の1になったのです。実際、中国でテレビCMを見ても、お年寄り向けの広告や、自治体の旅行宣伝広告ばかりです。

もともと中国人には、メディアを信用せず、口コミを信用するところがありました。モノを買うときには、口コミで買う。これが動画になったのが、TikTokや淘宝直播なのです。KOLやKOCが出てきて、「これいいよ」と言うと、ポチッとECサイトで買う。

これだけの仕組みなのですが、よくできています。見ていると、「××さんが買いました」と実際の友人の名前が出てきたりするのです。「××さんが、いいね！しました」といったパーソナル情報が次々に出てくる。これがテレビショッピングと違い、ネットならではです。

例えば、2019年11月11日（独身の日）に有名男性KOLが6時間の生放送で売った口紅の数が、3600万個以上。彼は元ロレアルの店頭のビューティアドバイザーだったのですが、今や中国で「口紅王子」と呼ばれ、年収は30億円を超えているそうです。日本のユーチューバーどころの話ではないですね。

しかし、KOLやKOCが映像で紹介し、その場ですぐに売れるのです。しかも誰が買ったかもバイネームでわかる。だから、メーカーも効果の薄いテレビ宣伝よりも、こっちに向き始めた。「いいドラマを作り、視聴率を上げ、そこに広告を出して、お店で買ってもらう」という一連の購買プロモーション活動が、中国ではすでに消滅してしまったのです。

それよりも、KOLやKOCと一緒に商品を作り、彼ら、彼女らに宣伝してもらい、直接ネットで売ってもらう。ドラマもいらないし、広告もいらない。広告代理店もいらない。

そして今は、KOL、KOCを束ねる事務所が出てきています。美腕という大手には、5万人が所属しています。口紅王子のように3700万人以上ものフォロワーがいるKOLはまだ少ないですが、その予備群がとんでもない数、すでにいるということです。

消費行動が完全に変わってしまったのです。中国は「10億総ジャパネットたかた」状態といってもいいでしょう。

そしてこの流れがアフリカにも来ています。

日本では、まだこの動きが大きくありません。要因として、購買でのEC比率の低さ、高齢者が多いこと、口コミをそこまで信用しないこと、既存の大手EC（楽天、アマゾンなど）が導入していないこと、などが挙げられています。
むしろ、アフリカのほうが早くKOLやKOCマーケティングが拡大する可能性があると思います。

超絶急成長！ 海外送金手数料無料サービス

創業者はウガンダ人のHam Serunjogi。米国の大学を卒業して、2017年に創業したのが「Chipper Cash」です。会社はサンフランシスコにありますが、商用サービスをガーナ、ケニア、ルワンダ、タンザニア、ウガンダ、ナイジェリアで展開しています（2021年1月時点）。元NFLのジョー・モンタナが投資したことでも話題になりましたが、この会社が今、とんでもない急成長を遂げています。

事業は、アフリカクロスボーダーP2P決済ネットワーク。国際個人間送金がスマホで、手数料無料でできる、というサービスです。

先に、モバイルマネー「M-PESA」がケニアで4兆5000億円規模のトランザクションになっていると書きましたが、

Chipper Cashの機能

出所：Chipper CashのHPの情報を基にAAIC作成。

アプリで8カ国間の国際送金が手数料無料

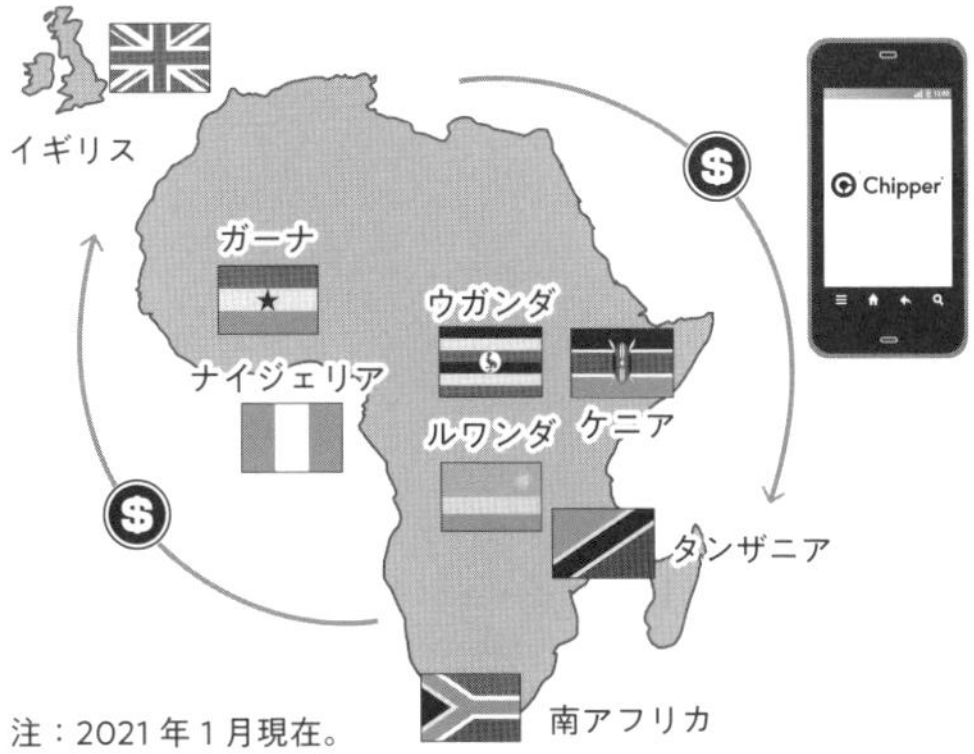

注：2021年1月現在。
出所：Chipper CashのHPの情報を基にAAIC作成。

M－PESAには2つの課題があります。1つは、国際送金ができないことです。ケニア国内には送れるけれど、海外には送れない。

もう1つが、サファリコムのサービスなので、他のキャリアの携帯には送金が難しいということです。日本のドコモでチャージしたものを、auに送ることはできない、というのと同じです。この2つをクリアしたのが、Chipper Cashなのです。

仕組みはシンプルで、アプリをダウンロードし、そこにモバイルマネーなどからお金をチャージします。相手もアプリをダウンロードしていれば、手数料無料でアフリカとイギリスの計8つの国（2021年1月時点）の間で送金ができるのです。

Chipper Cashの収益源は2つ。1つは国際送金時の為替手数料。もう1つはお金がチャージされたアプリから、携帯電話代金など外部に支払った際の手数料です。後者は日本のPayPayなどと一緒で、支払先の加盟店からもらいます。

一般的な国際送金は、銀行口座同士でSWIFTと呼ばれる世界的な仕組みがあります。ところが、これは手数料が1回40ドルほど取られるのです。

Chipper Cashの送金の平均は約50ドル。もしこれを銀行から送ったら、手数料が40ドル。これはありえません。しかも、アフリカではまだ8割近くの人が銀行口座を持っていない。そもそも受け取りができないのです。

Chipper Cashでは、双方にワレットアプリが入っていればいい。そして、ワレットアプリから現金に戻してもいいし、そのままChipper Cashが使えるところで使ってもいい。

本当のニーズ×正しいサービスで大ブレイク

サービスをスタートして約2年ですが、最初の1年間は完全無料でした。ユーザーがある程度増えた1年後から為替手数料などを取り始めました。それでも、加速度的に利用は拡大していきました。

さらに、新型コロナで移動制限が始まると、ますます成長は加速し、月間の送金額が数百億円規模までになっていきました。

今後もまだまだ拡大しそうです。海外のフィンテック業界では1000万人のユーザーがいて、1兆円規模の扱いになると、「ビッグブラザー」と呼ばれます。これを今後数年で達成する勢いです。

急成長の背景には、新型コロナの影響による巣ごもりで、国際送金のニーズが増えたことも大きかったようです。家族に送金したい、病気になったからお金を送ってほしい、そんなニーズもあったようです。

創業者は、まだ25歳。とんでもなく難しいことをやっているわけではありません。本当のニーズのあるところに正しくサービスを提供すると、ビジネスは大ブレイクするのです。それがアフリカです。今後、米国や中国と個人間送金できるようになったら、さらに拡大することになると思っています。日本でも、キャッシュレス決済を増やそうと騒いでいましたが、その拡大のために、いったいどれだけのマーケティング費用をかけたのか。国が補助金まで出しています。Chipper Cashは、マーケティングにはほとんどお金をかけていません。口コミが中心です。

「これは使える」というサービスだと、ほとんどマーケティングをしなくても、一気にブレイクするのです。「本質的なニーズ」があったからです。いわゆる海外送金のニーズは存在していた。さらにM－PESAなどの国内でのモバイルマネーの利用が普及していた。そこで、海外からもM－PESAのように簡単に送れる、キャリアを超えても送れる、というソリューションを実現したことが勝因でした。

ちなみに、規制的には各国のモバイルマネー規制に準拠しています。ケニアだと1回約15万円、1日約30万円まで。マネーロンダリングの規制もありますから、最初はIDの画像データを事前に送って、審査するシステムができています。

利用内容は、家族などへの送金が半分程度で、残りはスモールビジネスでの送金のようです。例えば、ケニアから生地を買って、ルワンダで洋服を作る。その支払いをChipper Cashで行うなどです。多くは1回数万円の少額の送金なのでChipper Cashで十分なのです。

日本で40年かかった全国物流を1年で

米国のペンシルバニア大学ウォートン校に留学、ＪＰモルガンやナイジェリアのＵｂｅｒに勤務し、２０１７年にラゴスで起業した31歳のナイジェリア人の創業者が率いるのが、「Kobo360」。Ｕｂｅｒ型物流で、飛躍的に成長している会社です。

アフリカのトラック運送業界は、戦後の日本のような状況にあります。小規模な運送会社が、多数ひしめいているのです。所有トラックは平均１～2台。１社で数百台トラックを持って全国をカバーする運送会社がまだありません。日本の日本通運や佐川急便のような大規模な全国ネットの物流会社がまだないのです。

アフリカ最大の国、ナイジェリアでは、コカ・コーラやユニリーバ、Ｐ＆Ｇといったグローバル大企業が進出していて、沿岸部に工場を持っています。そして、作ったものを内陸に送る必要があるわけですが、すべてが自社でのトラック輸送を行っているわけではありません。

日本なら、大手運送会社にお願いすれば、それで事足りてしまいますが、ナイジェリアには大手がいないため、数十社ほどの小さな運送会社を使って、手配しなければならないのです。毎日、電話やWhatsAppで「空いているか」「○○に行けるか」「あの荷物はどこだ」なんてことをやっているのです。

これは極めて大変な作業です。しかも、荷物が少なかったり、帰りが空だったりと非効率でもあり

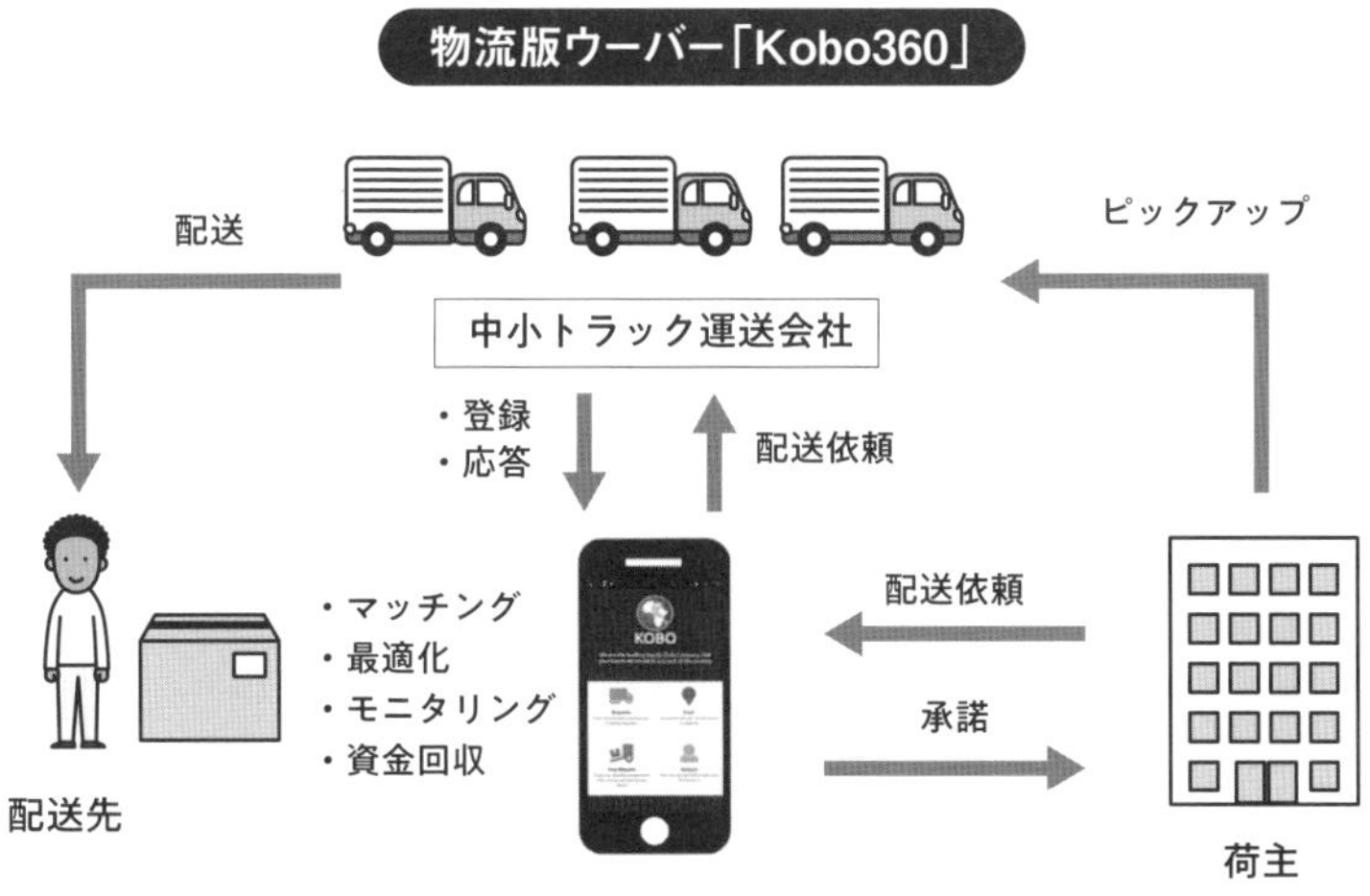

出所：Kobo360 の HP の情報を基に AAIC 作成。

ます。もちろん事故や盗難のリスクもある。途中で盗賊に襲われるリスクもある。

それらのさまざまな課題を解決しているのが Kobo360 です。荷主と中小トラック運送会社の、マッチング・プラットフォームを提供しています。荷主と運送会社の、行き便や帰り便を、すべてネットで自動マッチングするのです。

加盟する運送会社には、大きな利点があります。従来なら90～120日後に支払われる運送代金を、配達後、数日で Kobo360 が支払ってくれる。請求業務・取立業務が不要になり、入金が短期間になり資金繰りが大きく助かる。さらに加盟したトラックにはモニタリング機器が設置され、運行記録、運行状況、最適ルート指示などが提供される。運送会社の大きな悩みである、仕事をとる、資金を回収する、ドライバーを管理する、という作業をすべてこのプラットフォームがやってくれるのです。これにより、わずか1年ほどで約1万社がこのプラットフォームに登録したのです。

さらに Kobo360 に加盟すると、提携ガソリンスタンドで

2割引きで給油でき、保険やタイヤも安く買えます。もちろん加盟したトラックはすべてGPSとドライブレコーダーが付いている。そうすると、どこを走っているかもわかるし、事故やトラブルも映像に残る。安全性も向上し、盗難や詐欺も減少する。荷物がどこにあるかも、リアルタイムでわかる。荷台にはスマートキーをつけ、ドライバーが勝手に開けられないようにもしています。受け取り主のスマホに電子鍵を送って、スマホで開ける。受け取りも電子サインです。こうして、生産性も大きく向上し、事故やトラブルを大きく減少させることが実現できたのです。

こうして、わずか1年もかからずに、ナイジェリア全土をカバーできるトラック運送ネットワークができたのでした。

実は日本も戦後、県ごとにトラック免許を出し、小さな運送会社が乱立していました。それを30～40年かけて、全国ネットワークを作り上げていったのが、日通や佐川などの大手運送会社です。日本が約40年かかったものを、Kobo360は1年で成し遂げてしまったのです。

荷主も、運送会社も、みんながウィン－ウィンの仕組みです。

現在、他国での事業展開も進めています。ちなみにゴールドマン・サックスがリードインベスターとして投資をしています。

既得権益者がいないとイノベーションのスピードは速まる

ドローン物流の「Zipline」しかり、スマホ国際送金の「Chipper Cash」しかり、Ｕｂｅｒ型物流の「Kobo360」しかり、既得権益者がいないところで「本質のニーズ」に対してＩＴ技術でソリューションを提供し、大ブレイクする。これがアフリカビジネスの新しい醍醐味です。

日本では、新型コロナの流行で大きな打撃を受けたタクシー会社が、モノを運ぼうとするのですら、上を下への大騒ぎです。結局、不便を被っているのは企業や消費者といったユーザーです。遠隔診断ですら、医師会の強い反対があり、なかなか普及しない。

既得権益者がいると、それをとられまいとする大きな力、それを守ろうとする力学が働きます。だから新しい取り組みが遅れてしまうのです。いいアイデアが生まれても、実現ができない。

米国のシリコンバレーの会社が、アフリカから商用サービスを展開するのは、極めて合理的です。既得権益者がいないところでまず成功させ、いずれ規制が緩和される先進国でも、その事業ができるようになるかもしれない。

特にＡＩを使うドローンや自動運転のようなサービスは、実証サービスの中で進化させる必要があります。リアルでのデータの数と、それによる進化・改善が、非常に重要だからです。その実験場としてアフリカは最適なのです。

リープフロッグ（蛙飛び）イノベーション

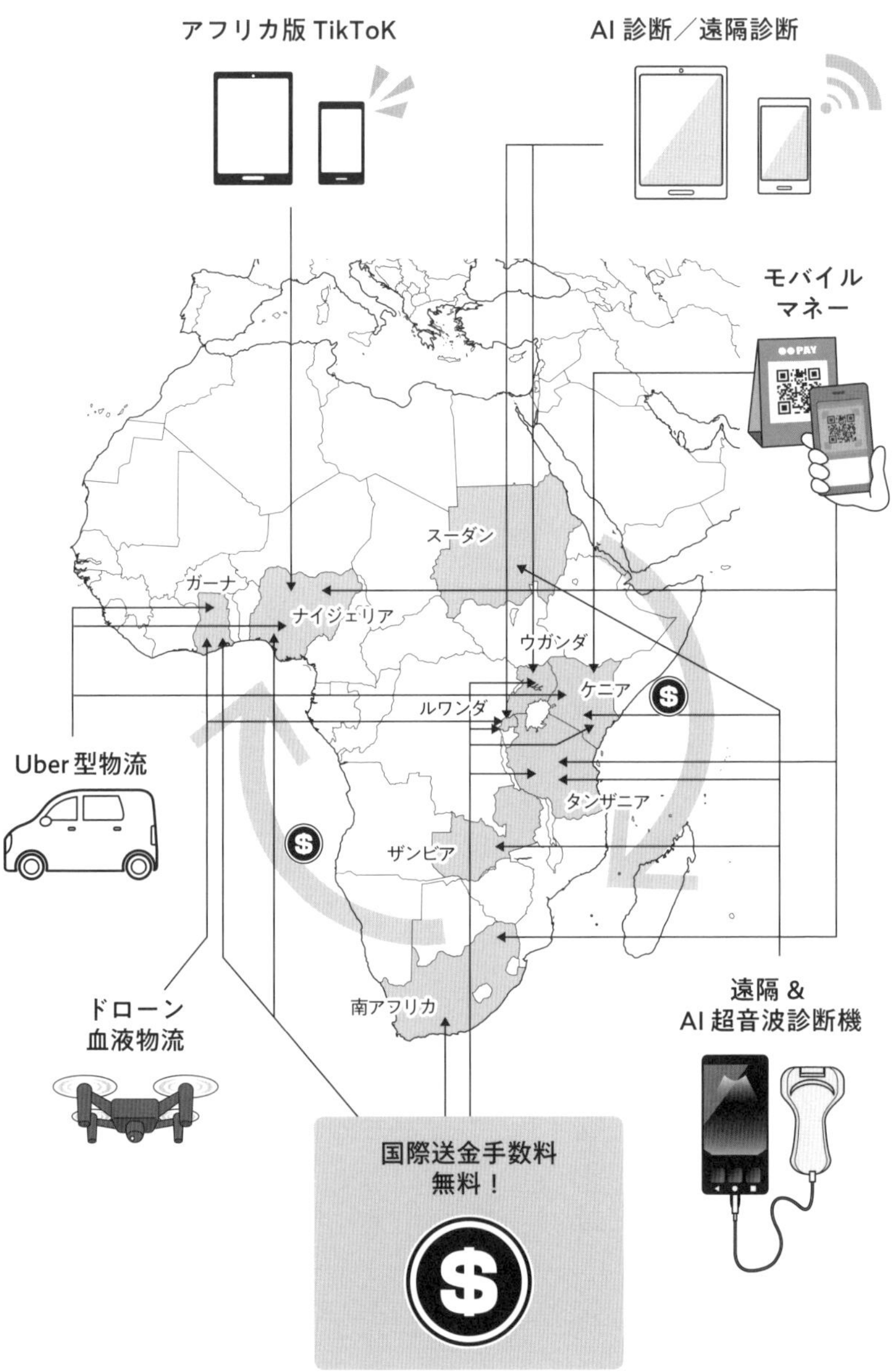

出所：AAIC 作成。

それこそ、日本で30〜40年かかったことが、数年でできてしまう可能性があるのが、アフリカです。日本のベンチャーも、十分にチャンスがあると思います。

COLUMN
アフリカのモバイルマネーが基軸通貨を動かす？

日本では2019年あたりから、スマホを使ったモバイルマネーが話題になり始めましたが、モバイルマネーと言いながら、実はすべて銀行のお金を自分に送金して使っているに過ぎません。

確かに、友達にスマホからお金を送れるようにはなりましたが、そのお金を現金に戻すことはできません。ましてや、海外に送ることなどできない。日本のモバイルマネーは、まだ、その程度のものに過ぎないのです。さらに、加盟店にとってもクレジットカードより手数料が高いものが多く、全く魅力がない。

本当に便利なことは、モバイルマネーでやりとりしたお金を現金に換えられること、手数料無料で国際送金できること、加盟店にとっては手数料が安いこと。しかし、規制や既得権益者のせいで、日本ではそれが実現できないのです。

スマホで簡単に国際送金が無料でできれば、喜ぶ人は多いと思います。先に国際送金はSWIFTという仕組みがあって、約40ドルかかってしまうと書きましたが、海外に対しても小口のお金のやりとりをしたい人は少なくないのです。

例えば出版関連でも、写真の切り抜きをインドでやってもらったりしているそうです。日本だと数千円かかる処理が、100円、200円でできてしまう。しかし、それの支払いのために報酬の何倍、何十倍もの海外送金手数料が取られる。考えてみれば、おかしな話です。もし「Chipper Cash」のようなサービスがあれば、もっと簡単に海外支払ができるでしょう。

それこそ国内でも、小口の報酬は「M-PESA」のようなもので支払われたら、そこでは銀行口座はいらなくなる。しかし、こうなったら困る既得権益者がいます。銀行にしても、儲け頭のひとつである振込手数料、海外送金手数料がなくなってしまったら、経営には大打撃です。

逆にいえば、新しいテクノロジーの登場で、いらなくなってしまう既存の機能やサービスがどんどん出てくるということです。実際、銀行は店舗の数を大きく減少させています。ATMも減少しています。コンビニで引き出せる。モバイルマネーでいいという人が増えているので、ATMさえいらなくなるかもしれない。

もっといえば、Chipper Cash が先進国でも使われるようになる。そうしてモバイルマネーやデジタル通貨が当たり前になると、困る国と喜ぶ国があります。困るのは、米国。喜ぶのは中国でしょう。

米国は、ドルを国際基軸通貨としてそのメリットを大きく享受しています。さらに安全保障問題にからめてファーウェイなどを激しく攻撃し、取り締まりを強化しています。どうしてファーウェイの取引について、米国が把握できるかといえば、SWIFTを管轄しているからです。

国際送金のプラットフォームであるSWIFTは、米国が管轄しているといわれています。それを見て、ファーウェイなどの取引先が、すぐにわかるのです。北朝鮮やイランの資金の動きも同様です。

SWIFTを使う限り、お金の流れがすべて米国に筒抜けになってしまう。そこでニーズが出てきているのが、SWIFTを使わない国際送金なのです。

そして、その延長線上にあるのが、デジタル人民元です。デジタル人民元を導入し、国際送金においてSWIFTを使わないようにする。

中国は世界貿易の2割程度に絡んでおり、中期的にはこれらの貿易を、デジタル人民元で決済するようになるかもしれない。現在、人民元による国際決済は数%、ドルが8割以上のようです。しかし、将来、国際決済通貨で、約2割がデジタル人民元、ドルが約5割ということも、あながちフィクションではなさそうです。

フェイスブックが仮想通貨リブラの発行を発表したとき、海外送金手数料が無料になるかどうか、大きな議論になりました。リブラ（現在の名称はディエム）はまだ実現できていませんが、すでにアフリカでは、手数料無料の個人間海外送金サービスが始まっているのです。

しかも、平均送付金額が50ドルほどの個人間送金なので、SWIFTで40ドルを払うようになるとは、とても思えない。もとより、多くの人が銀行口座を持っていません。

ここでもリープフロッグイノベーションが起こる可能性があります。銀行もいらない、海外送金手数料も無料。そしてそれが当たり前になったとき、世界の基軸通貨にも大きな影響を与える可能性がある。その胎動が静かにアフリカから産まれているのです。

アフリカ・ファクトフルネス④の答え

問1 ケニアのモバイルマネー「M-PESA」の普及率は？

③成人の96％

問2 ルワンダ（人口1200万人）で遠隔診断を受けている人の数は？

③累積240万人／人口の20％

第5章

アフリカは医療テック市場が世界で最も熱い

ベンチャー

アフリカ・ファクトフルネス⑤

問1 **アフリカのユニコーン企業数は？**

① インドの10年遅れ、中国の25年遅れで立ち上がってきている
② インドの20年遅れ、中国の35年遅れで立ち上がってきている
③ インドの30年遅れ、中国の45年遅れで立ち上がってきている

問2 **ナイジェリアの電子カルテ最大手のHelium HealthのCEOの最終学歴は？**

① オックスフォード大学
② ジョンズ・ホプキンス大学
③ ラゴス大学

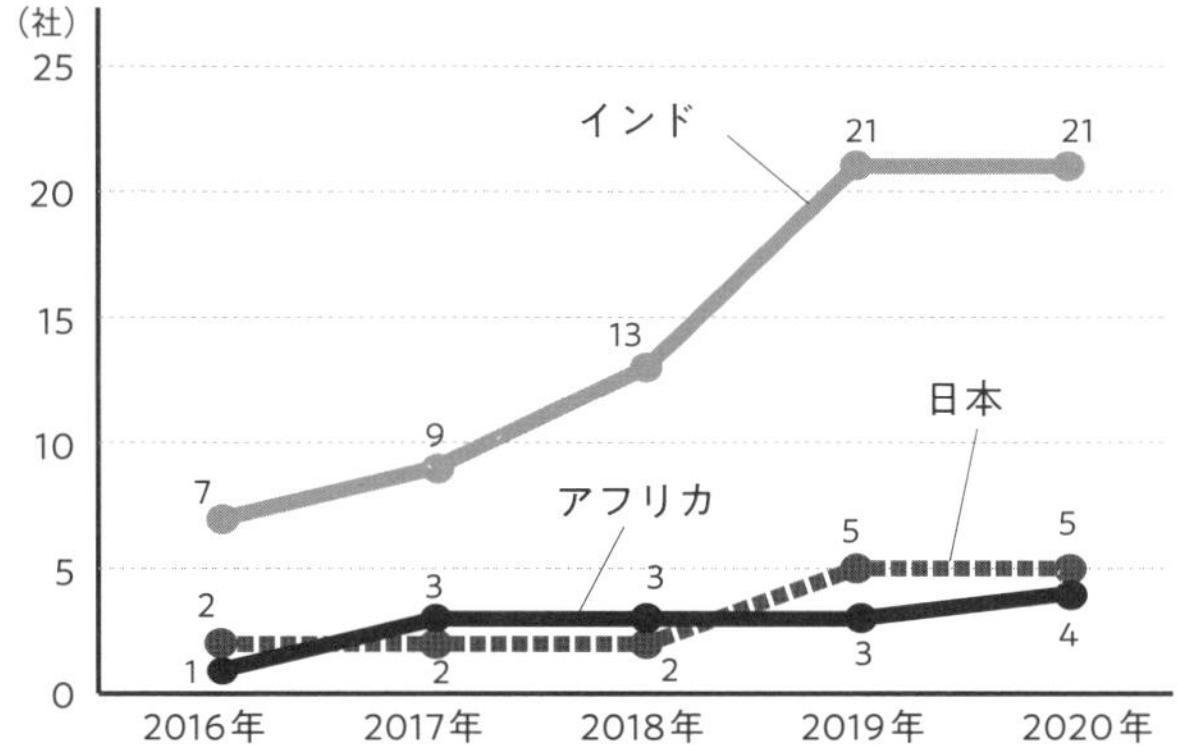

出所：CBINSIGHTS、STARTUP DB、AAIC 調査などを基に AAIC 作成。

シリコンバレー発のアフリカビジネスが拡大

アフリカでは今、ベンチャー企業が大きく注目されています。さまざまな業界で、アフリカならではの独自の事業アイデアと、イノベーションを実践しているベンチャーが増えてきています。

今、アフリカのユニコーン企業（時価総額10億ドル超のベンチャー企業）は4社ですが（2020年時点）、これからどんどん増えていくことになるでしょう。約20社のユニコーン企業を抱えているインドに近づくのは、そう遠くないと見ています。ちなみに中国は約120社。米国は約230社。日本は残念ながら5社です。

私はアフリカのヘルスケアファンドを運用していることもあり、ヘルスケア関係のベンチャーに注目しています。新型コロナ対策、SDGs対応、テクノロジー進化により、多くのイノベーションが生まれています。この章では、今ホットなヘルスケア領域のベンチャー5社をご紹介したいと思います。

前章でもご紹介していますが、現地のアフリカ人が起こしたビジネスもあれば、海外からのエキスパットが起こしたビジネスもあります。「シリコンバレー発、アフリカでビジネス」もあります。アフリカ人の起業家も、米国留学帰りが大勢います。

現地でローカルの大学を出ていきなり創業する、というのは、サブサハラでは南アフリカを除くとまだ少数派です。ケニアでは、2015年ごろからインキュベーションオフィスが多数生まれてきています。私たちもそこの1つに入っています。これから創業しようという若者が増えてきてはいます。

ローカルの大学進学率は、ケニアでは約11%。日本の50年前と同じ水準です。起業も難しいのですが、就職も難しい。大卒の職場がまだまだ少ないのです。

人気の公務員や外資系企業もありますが、枠が少ない。現地の銀行も人気ですが、こちらも狭き門。ケニアの大卒の初任給は平均月給350ドル。工場労働者や日雇い労働者に比べれば高給です。ただ、いかんせん働き口が少ない。

その意味でも、今後ベンチャーには大きな期待が寄せられています。

Flare：民間での救急車の配車プラットフォーム

まずご紹介するベンチャーは「Flare」。2015年からケニアで事業を行っています。民間の救急

創業者のマリア（Maria Rabinovich）とケイトリン（Caitlin Dolkart）

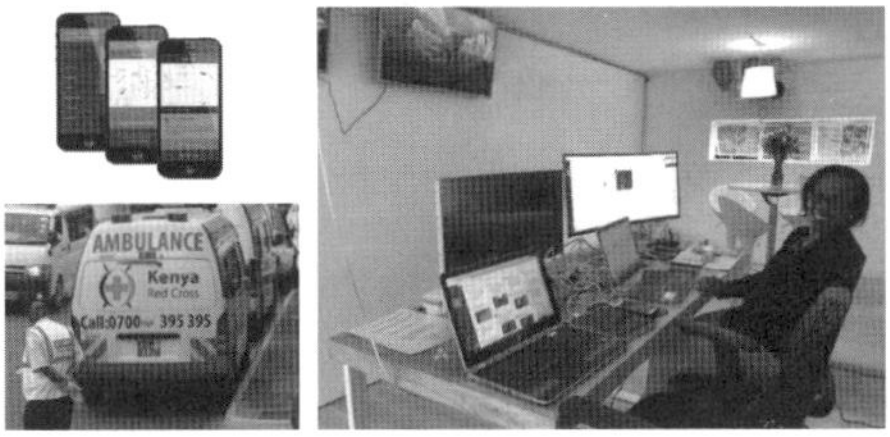

Flare の救急車配車プラットフォーム

車の配車プラットフォームを手がけています。

アフリカでは、ほとんどの国で公的な救急車サービスの仕組みがない、もしくは日本で言う１１９番にかけても救急車がなかなか来ないなど、十分に機能していません。救急車を所有している病院はありますが、各病院に直接電話をしなければ、来てくれません。

しかも、仮に呼べたとしても、ケニアでは現場に到着するまでに2～3時間かかることもあります。その間に死んでしまうことも少なくない。そこで、ナイロビを中心に病院などが所有している救急車をネットワーク化し、配車プラットフォームを構築したのがFlareです。

このプラットフォームを利用することで、救急のコールに対して、最も近い救急車を配車することが可能です。また、症状に合わせて適切な救急対応の病院の空き状況を確認し、迅速に搬送します。

創業者は、米国人のマリアとケイトリンの2人です。マリアがテクノロジーを担当し、このシステムを構築しました。「Ｕｂｅｒ型救急車モデル」と呼ばれることもあります。

救急の患者、もしくは関係者がコールをしてくると、GPSで位置を確かめ、登録している最寄りの救急車を見つけます。ケニアの首都ナイロビを中心に、登録されている救急車は100台を超えます。グーグルマップを活用して、最適ルートを指示し、患者の居場所も特定し、患者の状況に応じてどの病院に運び込むかを判断、指示します。2019年にテクノロジーで世界のさまざまな課題に取り組む企業を表彰する「Not Impossible Commitment Award」のWildcardカテゴリーで受賞しました。2020年は、3000件以上の救急対応を行っており、現地で不可欠なサービスになってきています。人命救助というSDGs的な要素もあるベンチャーです。

LifeBank：血液専門デリバリーサービス

続いて、血液専門デリバリーサービスの「LifeBank」。先にドローンを使った血液デリバリーの「Zipline」をご紹介しましたが、ルワンダとガーナで展開しているZiplineに対して、LifeBankはナイジェリアの都市部で血液デリバリー事業を展開しています。

ナイジェリアでは血液輸送でナンバーワンの会社です。約60の血液バンクと、800以上の病院をつなぎ、365日24時間、温度管理をしてバイクによってデリバリーします。血液だけでなく、今では酸素、ワクチン、医療消耗品などの商材もデリバリーしています。

この事業をスタートさせたのは、ナイジェリア人女性のテミーです。幼少期に米国へ渡り、イリノ

LifeBankの血液デリバリーサービスの仕組み

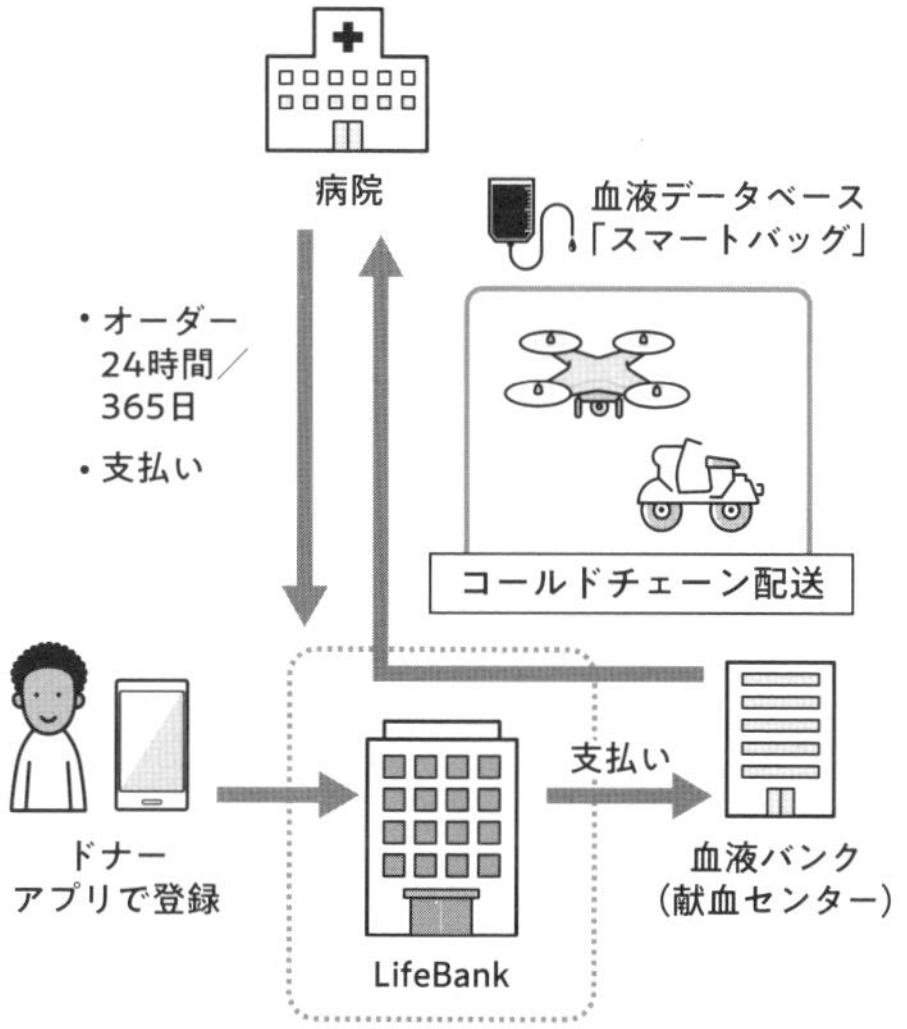

出所：LifeBankのHP、各種記事などを基にAAIC作成。

イ大学の出身です。

ユニークなのは、血液を提供してもいい、というドナーが5000人以上登録していて、迅速にドナーからの採血に対応している点。

血液はスマートバッグと呼ばれている特殊なバッグに入れて、温度管理をしっかり行っているところも特色です。何分以内に届けられるかなど、時間をコントロールする仕組みも持っています。

Ziplineもそうですが、アフリカで人々が何に困っているのかを理解できているからこそ、生まれた事業モデルです。先進国では、公的な血液バンクがあります。しかし、アフリカにはそれがまだない。それにより困っている人が大勢いるということに気づかなければ、この事業アイデアは浮かびません。

血液バンクは世界的には公的な組織が運営しています。しかし、アフリカでは、まだそこまでの余裕がないのです。だからこそ、それをサポートする民間ビジネスが生まれる。アフリカの事情を、理解しているからこそそのビジネスです。

Reliance HMO：医療保険ベンチャーで成功

3社目は、「Reliance HMO」。ネット専業の医療保険会社です。デジタル化することで、既存市場になかった新たな医療保険サービスを提供しています。

創業者のフェミは、ナイジェリアの医学部を出て医師になり、ロンドンでゴールドマン・サックスに勤務、ヘルスケア関連のアナリストとして働いていました。

2015年にナイジェリアで創業し、最初は遠隔医療のビジネスをスタートさせましたが、2017年からネット医療保険サービスに方向転換しました。現在、大きく成長しています。

端的に言えば、医療保険にスマホだけで加入することができるサービスです。1人月約1000円からの医療保険です。ナイジェリアでは公的な医療保険がまだ3～4％しか普及しておらず、国民の約8割は無保険です。上位15％程度（約3000万人）の人は自分で民間の医療保険に加入します。

創業者のフェミ（Femi Kuti）

すでに外資系のアクサなどが進出しています。そこに後発で参入したのですが、サービス開始から2年弱で、1万を超える人が加入。毎月10％程度で加入者が増加しています。

保険はブローカー（仲介）ではなく、自前で保険サービスを直接提供して

医療保険のDX化でコストダウンと不正防止

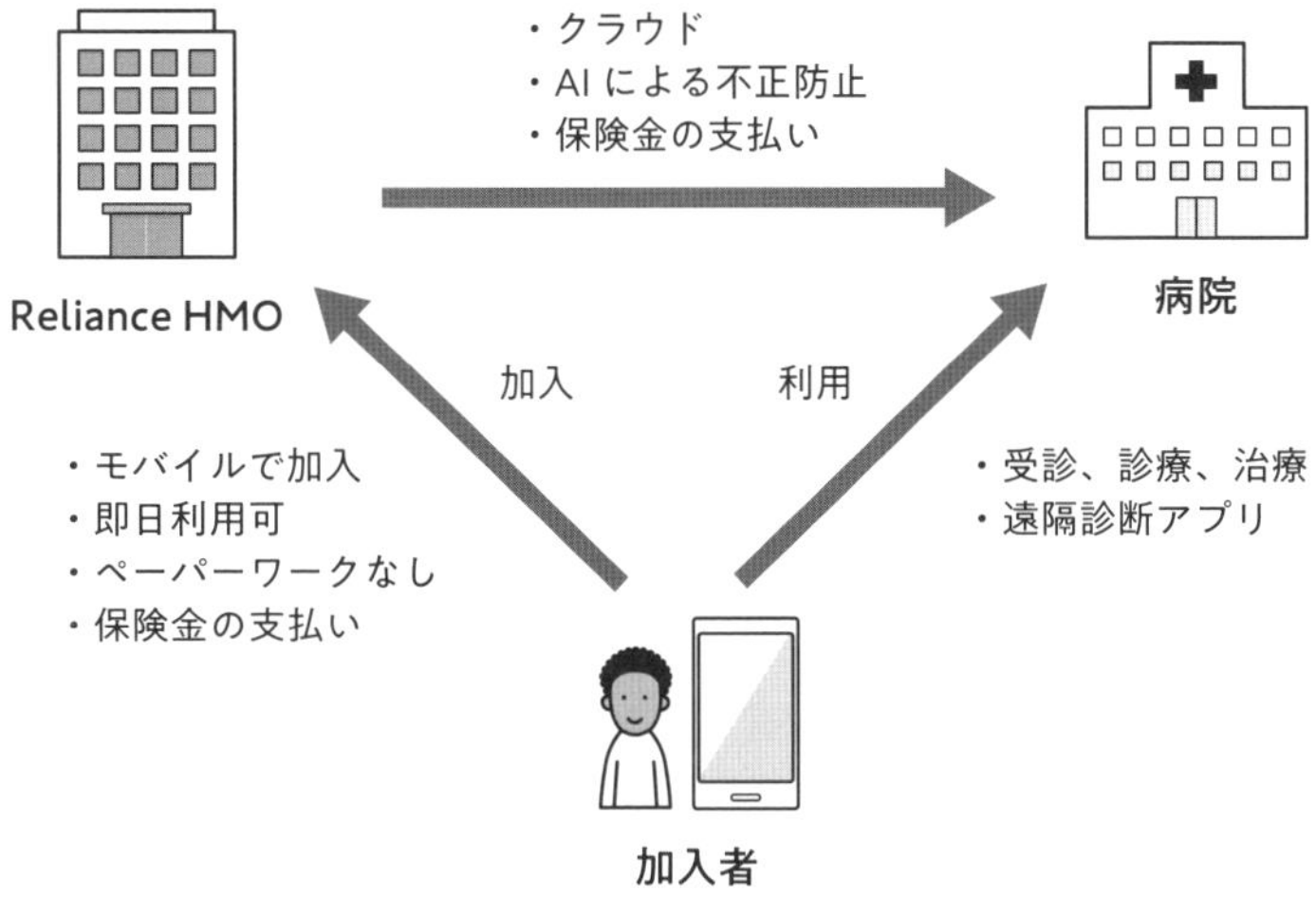

出所：Reliance HMOのHPの情報を基にAAIC作成。

います。自社保険商品なので、ユーザーニーズに合った商品提供が可能になっています。

加入はスマホだけで完結します。紙やハンコはいりません。これにより、オペレーションコストを大きく下げています。

実はこのようなインシュランス・テックは、インドなど新興国では多数生まれています。しかし、収支が合っているところは極めて限定的です。掛け金よりも、払い出しや経費が多くなってしまうからです。その最大の理由の1つは「不正請求」です。病気でもないのに、不正に請求する例が多いのです。

Reliance HMOは、それをうまく防ぎました。最大のポイントは、保険金の支払いを、保険加入者個人に対してではなく、病院に対して行うことです。本人に保険金が支払われるから、不正が起こりやすいのです。

最終的にお金が行くのは病院です。そこで、提携した病院に、直接保険金を支払う仕組みにしているのです。

しかもデジタル化することで、保険金支払いまでの期間を他社よりも短期にしています。そうすると、病院もありがたい。だから Reliance HMO の保険を病院が勧めてくれるようになったのです。

さらに、販売もB2Bを中心にしています。つまり大手企業経由で、そこの社員向けに提供します。そうすることで、不正のリスクがより少なくなります。

他にも、1年間保険を使わないと、最後に15%のキャッシュバックがあるという特典もつけています。

ローカルのニーズに合った多くの工夫をすることで成長している、医療保険ベンチャーです。

Helium Health：EMR（電子カルテ）を総取り

4社目が「Helium Health」。西アフリカでナンバーワンの、電子医療記録／EMR（Electronic Medical Records）プロバイダー。平たく言えば、現地のニーズに合った独自の電子カルテを提供している企業です。

アフリカでは、まだほとんどの病院で紙のカルテが使われています。大病院から電子カルテの導入が始まってきている段階です。ナイジェリアを中心に、すでに200を超える医療機関に提供。2016年の創業以来、解約率は0%です。

Helium Healthは西アフリカNO.1のEMRプロバイダー

新型コロナ時においては、病院内の予約受付から検査・診断・選別・入院・治療・回復・事後フォローまでのシステムを提供

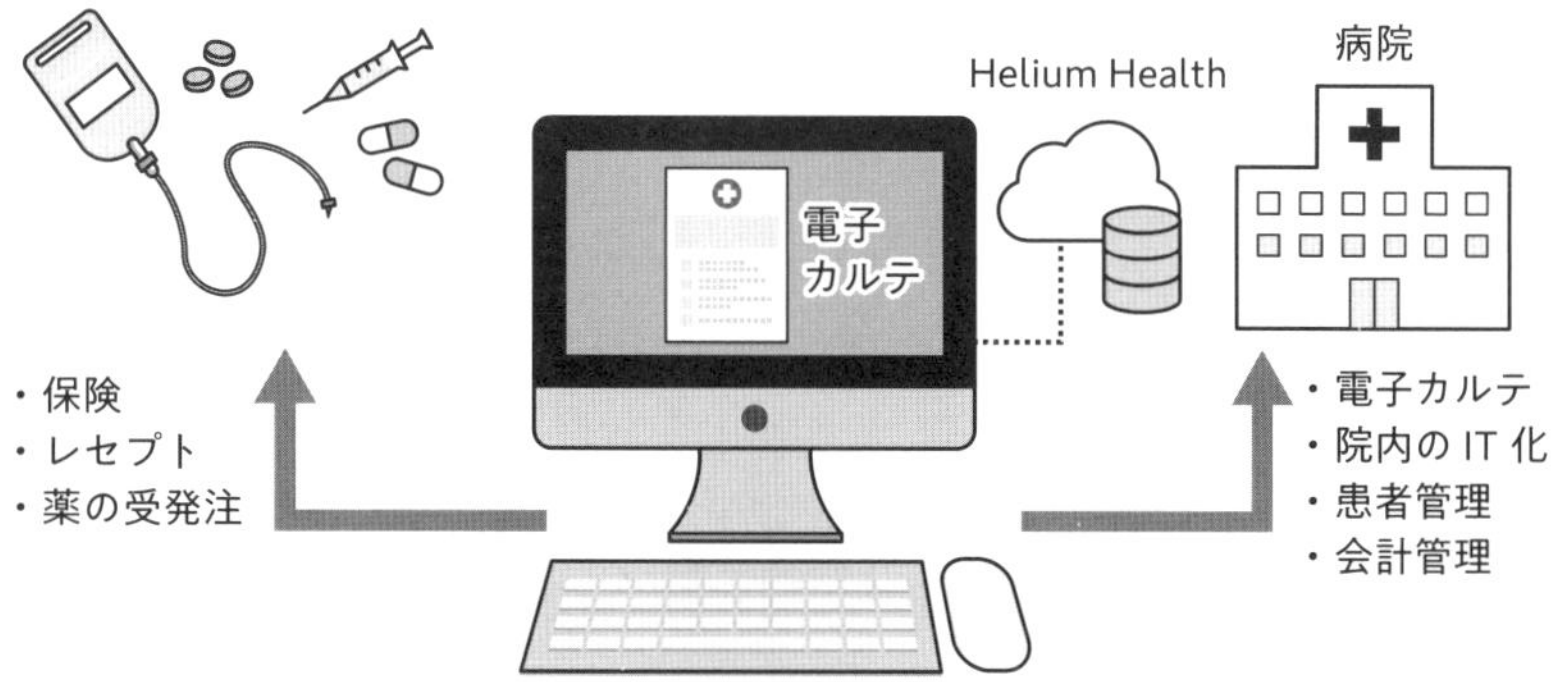

出所：Helium HealthのHPの情報を基にAAIC作成。

病状の記録をするのはもちろんですが、電子カルテの1つのポイントは、レセプト・保険請求に紐付けること。だから、ローカルで販売されている薬やローカルの保険会社とマッチングする必要があります。

Helium Healthは、そのようなローカルに合った環境に最適化させ、先進国の商品と差別化しています。さらに、医療消費者の支出分析、医療ニーズ、医療機関の財務状況、医療金融業者の業務プロセスに関するデータなど、EMRソリューションを幅広く提供しています。

日本の電子カルテの多くは売り切りで、導入したらおしまいですが、Helium Healthの場合はクラウドベースで、今流行りのサブスクリプションモデルを取り入れています。だから、患者レコードが増えれば増えるほど、毎月の収入が積み上がっていきます。

解約率が低いのは、一度、導入してしまうと、データがたまっていくので、競合が簡単にひっくり返せるものではないからです。一度、入力したデータを、別のフォーマッ

トに移管しないといけない。その意味で、ゼロから電子カルテを導入する病院が多いということは、最初に入ることが大きな優位性につながるのです。

しかもHelium Healthの場合は、集めたデータは個人情報を保護した上で、自社でも活用できる、という契約を結んでいます。医療ビッグデータも活用できるということになります。

創業者のアデゴケ
(Adegoke Olubusi)

米国には、電子カルテを無料化して市場を席巻した、プラクティス・フュージョンという会社があります。無料ですから、米国の電子カルテ市場の過半以上のシェアを取った。どうして無料化できたかというと、この医療ビッグデータの活用です。これを基に製薬会社相手にビジネスをするのです。特に希少疾患の治験などでは、膨大な電子カルテがあるのですから、治験候補者を瞬時に見つけ出すことができます。

日本では20社近い電子カルテ会社が存在し、データの共通化もほとんど進んでいません。今、政府のもとで検討が始まったばかりのようです。

創業者のアデゴケは、米国のジョンズ・ホプキンス大学の卒業生で、イーベイ、ペイパル、ゴールドマン・サックスでのエンジニア経験を持っています。

VitalRay：検査専門センターという独自モデル

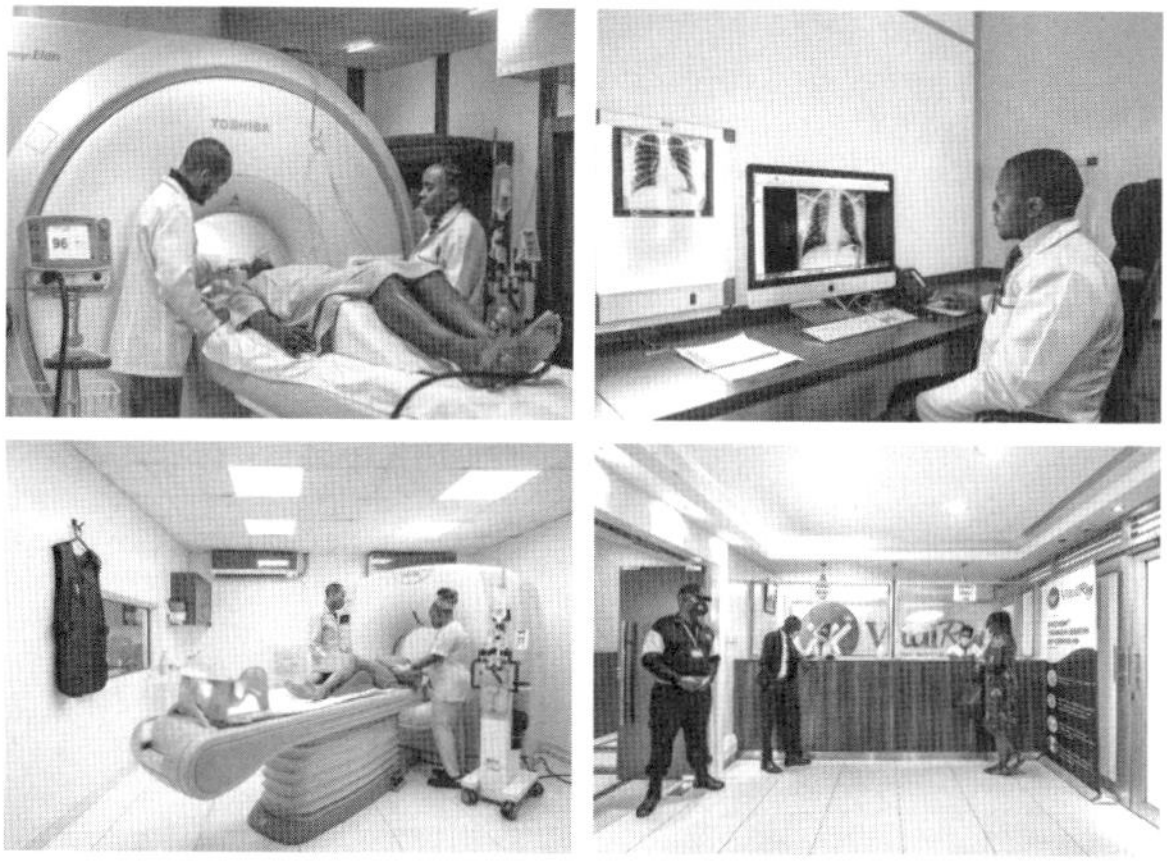

VitalRayの検査専門センター

最後に紹介するのは、ケニアの「VitalRay」。東アフリカ最大級の検査専門センターです。MRIやCTスキャンなどの、大型検査機器を中心とした検査に特化したセンターです。今使っているのは東芝製です。

日本では、世界で最もMRIやCTスキャンが普及しています。人口ベースでも、病院当たりでも世界一です。高い保険点数がついていて、MRI／CTスキャンの導入には銀行の融資も積極的です。よって、クリニックに次々とMRI／CTスキャンが導入されたのです。

しかし、一台数千万円もするような大型検査機器を、アフリカの普通の病院は買えません。そこで、大型検査機器の専門センターがあるのです。これを展開しているのが、ベンチャー企業のVitalRayです。

実は私は一度、ルワンダで骨折をしたことがあります。痛みが相当あったので、ルワンダ人に紹介してもらい、ルワンダ最大の病院に行きました。ところが、「ここにはレントゲンはないから（いっぱいだから？）、外の検査センターに行って撮って来なさい」と言われたのです。

そこは、ルワンダにある検査専門センターで、ここでレントゲンを撮ってもらい、写真をもって病院に戻りました。日本にはない経験で驚きましたが、その検査センターは検査待ちの人でいっぱいで、確かに効率的だなと感心しました。

このように、多くの病院には大型検査機器がないので、VitalRay が展開するセンターで検査してもらうのです。また専門の医療技師も少ないので、この方が効率的です。

実は日本はＭＲＩ／ＣＴスキャンが世界で最も普及していますが、稼働率は世界で最も低いとも言われています。１日平均で2～3回と言われています。

ところが、この VitalRay の検査専門センターでは、日本の5倍以上使うそうです。メーカーが、これ以上は回してはいけない、という上限ギリギリまで回しているそうです。これは効率的です。その意味でも、この分業体制の検査センターは合理的です。稼働率の低い高価な大型検査機器を、各病院が持っておく必要はないのです。

ちなみにルワンダでの骨折ですが、病院でひとまず医師に処置してもらい、硬化する包帯で固定してもらいました。日本に戻って病院に行くと、しっかりくっついており処置は大変上手だと言われました。

もしやスポーツができなくなるのでは、と心配しましたが、可動域も変わらず、全く問題なく過ごしています。

ジャック・マーがなぜ2度もルワンダに来ているのか

2019年11月に、アフリカンビジネスヒーローアワードというイベントがガーナでありました。ここで1位を取って優勝したのが、血液専門デリバリーサービス「LifeBank」でした。

その写真を見ると、中央の女性創業者の隣に、どこかで見たことがある男性が立っています。中国のアリババ創業者、ジャック・マーです。

ガーナのビジネスイベントに参加したジャック・マー

ジャック・マーは、ガーナだけでなく、ルワンダにも2回来ています。ビジネスを引退したことになっている中国ベンチャー界のカリスマ、ジャック・マーが、なぜアフリカにいるか。ルワンダにいるか。それは、共産党からの要請があるのはもちろんですが、アフリカのビジネスのポテンシャルを、感じているからでしょう。

いわゆる「タイムマシン経営」。先進国や中国、インドで成功したビジネスモデルを、アフリカで導入するモデルも、大きなポテンシャルがあります。この先、アフリカでは、海外発でも、ローカル発でも、どんどんベンチャーが出てくるでしょう。

一方で、アフリカでも難しいビジネス領域があります。それは、先進国と同じで、既得権益者がいるところです。古くからある代表的な産業や業界です。例えば、資源開発、酒販売、自動車販売、コーヒー・紅茶、カカオ、両替などです。

新規事業をアフリカでゼロから作るのは難しいのはその通りです。まず、投資から入るという方法もあるでしょう。社内のCVCや、SDGsの一環で投資をする日本企業も増えてきています。

いずれにしても、戦後の日本が急激な成長を遂げたように、アフリカの成長も間違いなく進展していくと考えています。もちろんリスクもありますが、チャンスも同じくらい大きいと思っています。

COLUMN

「当たり前のことをちゃんとやる」ことの大切さ

アフリカと長く付き合ってきて、改めて日本人にしっかりと伝えておきたいことがあります。それは、アフリカでビジネスを行う最大のポイントは、「当たり前のことをちゃんとやり抜く」ということです。

「日本のビジネスでは当たり前のこと」をちゃんとやりきる。これにつきます。つまりこれが、アフリカでは十分にできていないのです。

例えば、時間をきちんと守る。契約書を作る。問題があったら相談する。在庫を管理する。仕入れを管理する。目標を立てる。目標に向かって努力する。週次管理をする。などなどです。

日本でも成功している会社は、このようなことがしっかりできています。アフリカでこれがきちんと実践できれば、飲食業でも小売業でもサービス業でも成功するでしょう。

アフリカ在住50年の佐藤芳之さんからもよく聞く話ですが、「今まで育ってきた環境により当たり前が異なる」ということがポイントかと思います。特に日本は他国と比べてもその「当たり前」のレベルが異なります。子供のときから「時間を守れ」「約束を守れ」「人に迷惑をかけるな」「仲良くやれ」など普通に親や学校で言われてきています。その中で形成された「当たり前」なのだと思います。

飲食店などは大変のようです。かつては、ファミリーの数しかお店は増やせない、という話が新興国一般にありました。つまりは、レジはファミリーにしか任せられない。ファミリー以外だと、リスクがあるからです。レジだけでなく、仕入れや在庫管理もしっかりしておかないといけない。

こういうリスクがあることが「当たり前」だという前提でビジネスを組み立てることが大事なのです。

営業担当であれば、固定の月給ではなく、売り上げしかも回収ベースでのインセンティブ中心にする。お店の店員であればルールを明確にして、何回遅刻でいくら給与を下げるとか、在庫管理はマネジャーがカギをもって毎日、朝・昼・晩に確認をするとか、仕入れはダブルでチェックするとか、などです。

さらには採用や教育も極めて大事になります。若く優秀な人材を採用し、ビジョンや働く意義、喜びをわかってもらい、仲間として信頼し、一緒に働く。これは世界どこでも共通かと思います。

日本でも、有名銀行の行員が着服したり、公務員が横領したり、などが後を絶ちませんが、それと同じと考えていい。そのようにさせるのが悪い。管理するほうが悪い。管理責任です。日本でも営業に行ってきますといって、喫茶店やパチンコでさぼっている営業担当は大勢いますし、在宅だと、SNSやゲームや動画サイトなど、さぼる誘因はキリがない。それと同じ問題でもあります。

以前はアジアビジネスでもこのようなことがたくさんあり、進出企業が嘆いていました。常識やルールが摺り合っていくには時間がかかるのです。

こんな風に書くと、「大変なところだ」と思われるかもしれませんが、そうではないのです。ただ、育ってきた環境による常識や、当たり前のレベルが違うだけなのです。こちらがそれに適応する責任があります。ほとんどのアフリカの人は、向上心もあり、穏やかで、とてもいい人たちです。それをぜひ、知っておいていただけたらと思います。

アフリカ・ファクトフルネス⑤の答え

問1 アフリカのユニコーン企業数は？

①インドの10年遅れ、中国の25年遅れで立ち上がってきている

問2 ナイジェリアの電子カルテ最大手のHelium HealthのCEOの最終学歴は？

②ジョンズ・ホプキンス大学

第6章

アフリカは巨大市場になりつつある

グローバル企業

アフリカ・ファクトフルネス⑥

問1 **韓国のサムスンがアフリカで上げている売り上げは日本円で?**

① 5000億~1000億円
② 5000億~6000億円
③ 1兆~2兆円

問2 **世界的な化粧品会社のロレアルが進出しているアフリカの国は?**

① 主要国30カ国中8カ国
② 主要国30カ国中18カ国
③ 主要国30カ国中29カ国

都市の発展状況に合わせて商品を送り出すロレアル

アフリカには、すでに多くのグローバル企業が進出し、一定の事業規模を実現しています。植民地時代や、第2次世界大戦前から進出している企業もありますが、多くはアフリカ経済の発展に応じて進出し、戦略的に事業を広げています。

象徴的なのが、世界大手の化粧品会社、フランスの「ロレアル」です。ロレアルはアフリカで大きく6つのブランドを展開しますが、ブランドごとに展開する国を分けています。

先にも書いたように、アフリカはとにかく巨大。アフリカ大陸に1カ所、拠点を置いて、そこでアフリカ全体を見る、ということは不可能です。そもそも、経済の発展レベルもまるで違う。でも、すべてのエリアに展開するわけにもいかない。

まずは直営の拠点をコアの5都市に置いています。ヨハネスブルグ（南アフリカ）、ナイロビ（ケニア）、カイロ（エジプト）、ラゴス（ナイジェリア）、カサブランカ（モロッコ）の5カ所です。これらの拠点で東西南北の各アフリカ地域をカバーしています。

次に、ブランドごとに進出するタイミングを分けます。例えば、「SoftSheen-Carson」というブランドがあります。ロレアルとして基礎的なヘアケア商品群を扱うブランドで、新興国展開の先兵として最初に展開するブランドです。アフリカの主要国29カ国（２０１４年時点）に展開しています。

ロレアルのアフリカ進出状況

直管の拠点

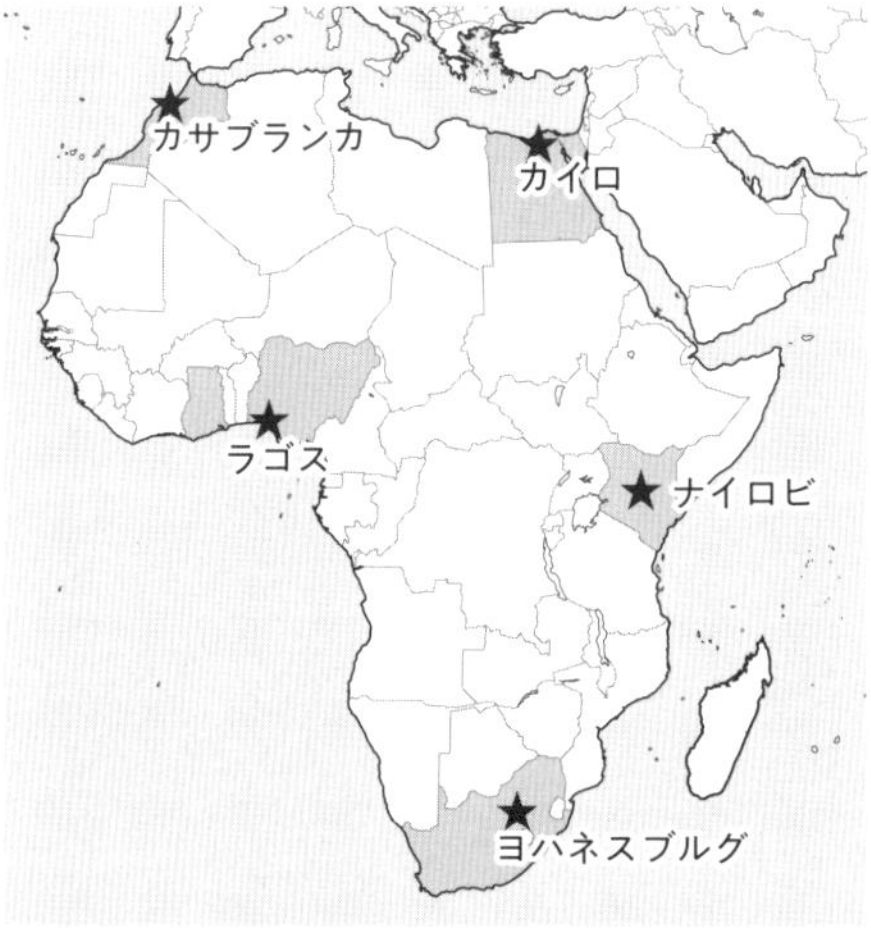

推定される進出モデル

アフリカは消費地域として定義

- 開発や評価部隊はない

地域拠点を構え周辺国に染み出す

- 東西南北５都市に販売子会社
- ガーナは新規設立拠点

展開国には主要都市に代理店

- 現地の輸入卸業者と推定される
- ロレアルはマーケティングを担当

経済水準と志向性でブランドを選定

- SoftSheen-Carson がエントリー
- 次に、L'Oreal、Kerastase、Garnier など

重点国では現地企業を買収

- ケニアローカル企業シェア１位の Interconsumer Products を買収

出所：ロレアルの HP の情報を基に AAIC 作成。

ロレアルの展開するブランドの価格帯とブランド数

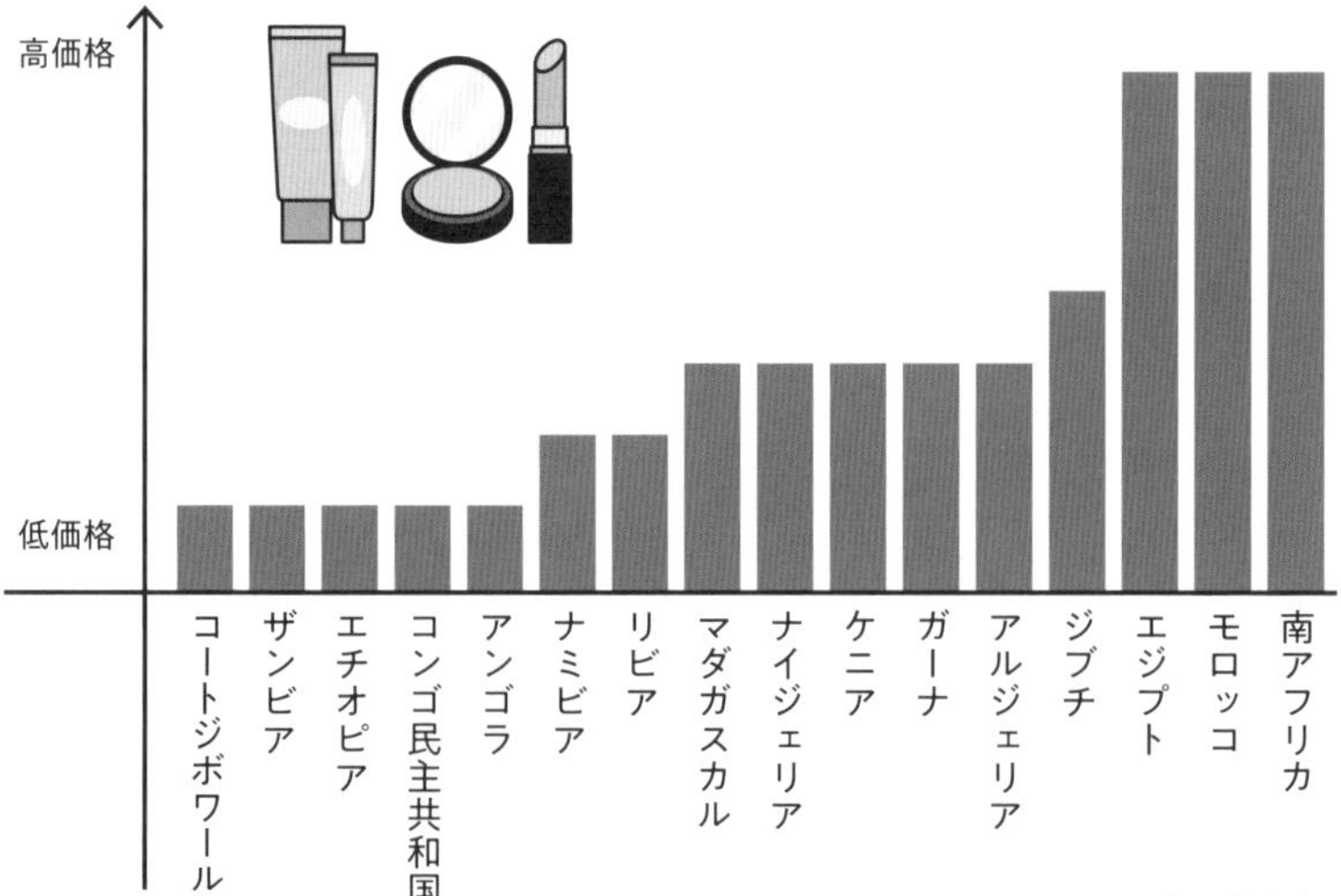

2014 年 9 月時点

出所：ロレアルの HP の情報を基に AAIC 作成。

同じような展開をしている会社に、米国のジョンソン・エンド・ジョンソンがあります。まずはベビーオイルと綿棒から出ていく。こうした基礎的な商品をまずはラインナップして、代理店を通して流していくのです。

もちろん、これで終わりではありません。経済レベルが上がるにしたがって、その次のブランドを順次展開していきます。

そして最もハイエンドなブランド「Kerastase」を展開しているのは、5カ国の5都市（2014年時点）、すなわちラゴス、ナイロビ、ヨハネスブルグ、カイロ、カサブランカです。まさにアフリカの主要5都市。高価な化粧品を買える人たちが住んでいるエリアがここだということです。

主要全ブランドを展開しているのは、ヨハネスブルグ、カイロ、カサブランカの3都市。これは、現地の経済レベルに加え、観光客・インバウンドの需要も勘案しているようです。

エルメスなどのグローバルのラグジュアリーブランドも同様に、南アフリカとエジプト、モロッコには進出していますが、他の国にはまだ出ていません。そういう市場の見立てをしています。

日本の資生堂やコーセーなどは残念ながら、まだ進出していません。アフリカの化粧品市場は基礎化粧品市場が小さく、メイクアップや香水が中心です。中国や他地域の優先順位が高いため、まだこれからだと思いますが、日本の化粧品ブランドがこれからどうアフリカに進出するのか、楽しみなところです。

サムスンのアフリカ事業の成功要因

現地の状況に合わせた家電開発

- 不安定な電力事情に対応できる商品を開発
  例）Multi Power TV：AC、DC電源が両方あり、他商品よりも電力事情への対応力が高い
- 多様な文化・言語が混ざっているアフリカ大陸の文化的特徴のため、多言語のチャンネルを無料で提供

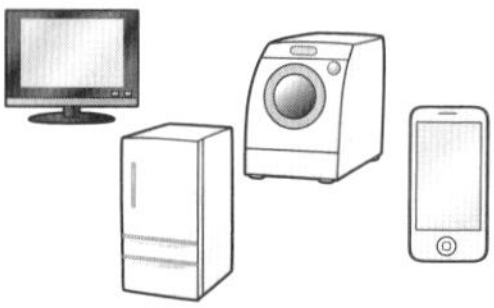

社会貢献事業によるブランドイメージ構築

- Samsung Smart School Project、Samsung Nanum Village Project、Ghana Female Professionals in Electronics Projectなどにより、社会に貢献する企業、アフリカに友好的な企業というブランドイメージ構築に成功

現地工場設立・現地採用を通じたコスト削減

- 現地への工場設立により、人件費削減、部品・製品運送費削減によりコスト削減
- 駐在員の数を減らし、現地採用を増やすことにより人件費削減と共に、現地マーケティングに成功

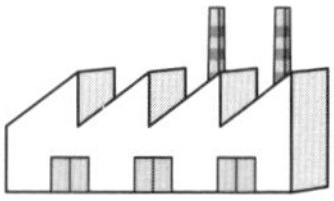

出所：サムスンのHPの情報を基にAAIC作成。

サムスンはアフリカで数兆円の売り上げを実現している

グループ全体で約22兆円（2019年）の売上高規模がある韓国のサムスンですが、アフリカでも45カ国で事業を展開しています。1995年に事業を開始し、テレビ、洗濯機、冷蔵庫などの家電、さらにはスマホが主力商品です。

アフリカ統括拠点は南アフリカで、生産工場をエジプトと南アフリカの2カ国、販売ネットワークを11カ国に展開しています（2016年時点）。従業員も1000人を超え、すでに売り上げは、アフリカだけで約1兆〜2兆円規模になっているようです。

これは後に詳しく書きますが、サムスンが出てくるまで、アフリカの家電といえば、日立や東芝、パナソニックなど日系が中心でした。空港に行けば、大きな看板は日本メーカーがメインでした。

サムスンの現地の状況に合わせた家電開発

Multi Power TV

AC、DC 電源が両方あり、不安定な電力事情に対応

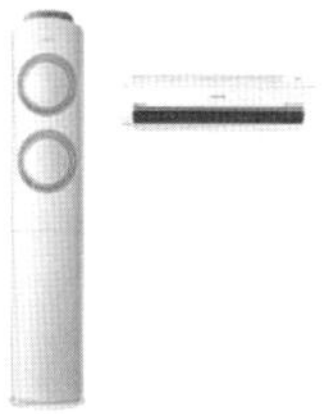

エアコン Q9000

電力効率が高く、76%の電気代を削減

Free Satellite TV

無料で英語とフランス語のチャンネルを数多く提供

出所：サムスンの HP の情報を基に AAIC 作成。

ところが、1990年代後半からサムスンが入ってきて、すべて取って代わられてしまった。空港の看板もサムスンがメインとなりました。これは世界の他の国でもそうですが、サムスンは日本の家電メーカーを追いかけてグローバル化を進めました。

最初にアフリカに赴任する駐在員のミッションは、現地の日本家電メーカーの代理店をサムスンに鞍替えさせることでした。これを本気でやる。

サムスンの海外展開のすごいところは、駐在員の多くが片道切符だったことです。例えば、特定の国の駐在を前提とした採用を行い、赴任後は基本異動も帰国もない。一生、その国なのです。逆にいえば駐在員は腰が据わっています。現地に長く根付いて、現地の暮らしを徹底的に学ぶよう指示されるようです。

2~3年の腰掛けの日本の駐在員とは、覚悟が違います。そうやって、どんどんひっくり返していって、日本メーカーからシェアを奪っていった。

さらに、現地に根ざした人達ならではの情報をもとに、ローカルの事情に合わせた商品開発を行っていきました。例えば、不安定なアフリカの電力事情に対応した商品を開発する。テレビは、AC、DC電源が両方あり、太陽光（DC）でも動く。

アフリカは電力供給が不安定で、瞬間的な電流・電圧変化（サージ電流・電圧）がよく起きます。これは故障の原因になる。だから、それを防ぐ機能を入れる。

私が感心したのは、内部の壁面に保冷剤が入っている冷蔵庫です。アフリカでは常に電気が来ているわけではない。1日に3時間の場合もある。

そこで、冷蔵庫の内側に保冷剤を入れておいて、電気が来ているときにその保冷剤を冷却しておくのです。電気が来なくても、その保冷剤で冷やす。10時間くらいまでは、これでなんとかなるようです。

他にも、多様な言語が存在するアフリカに合わせ、さまざまな言語のテレビ番組を無料で見られるスマートテレビを販売したりしています。ケニアでは現地最大のコンテンツ事業者と協力し、スマートテレビ用コンテンツをビデオ・オン・デマンドで独占提供しています。ナイジェリアでは現地の有名歌手・作曲家と提携し、アフリカ音楽に特化したイコライザ付きのテレビを開発しています。

このように現地に根ざした開発をするのです。もちろん先進国では必要ない機能ですが、アフリカでは非常に効果的です。会社としてそれだけのコミットと実践をしており、素晴らしいと思います。

中国とアフリカの貿易関係（2019年）

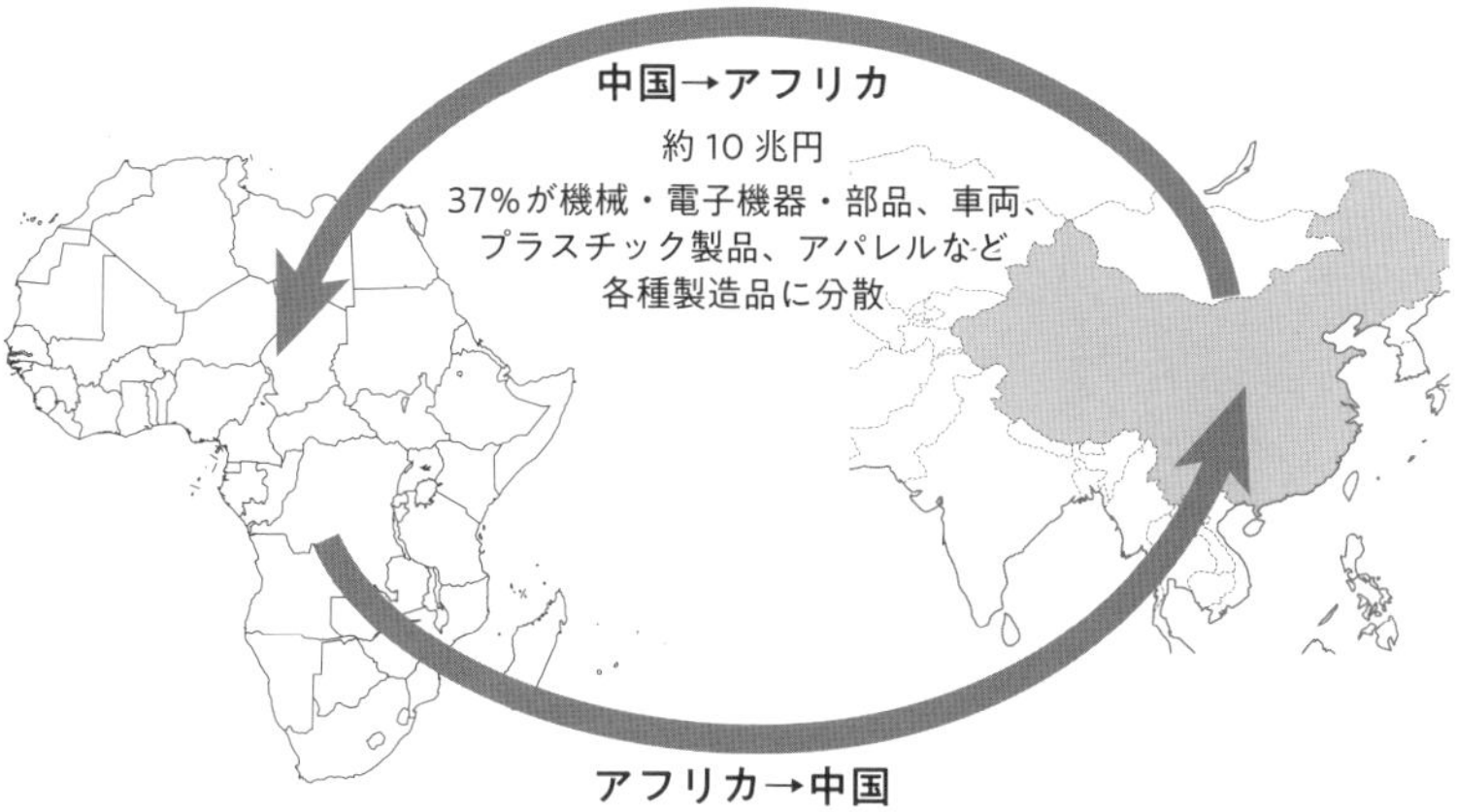
約7兆円
90%が燃料・鉱物など自然資源に集中

出所：中国海関統計、JETROの情報などを基にAAIC作成。

中国はなぜアフリカに深く食い込もうとしているのか

１９６０年代から80年代にかけてアフリカを席巻した日本の家電メーカーに代わって、アフリカのトップブランドになったのはサムスンやＬＧですが、最近ではＯＰＰＯ、ｖｉｖｏ、ファーウェイ、小米、など中国メーカーが急激に追い上げています。

韓国メーカーも以前の日本家電メーカーと同じような状況になりつつあります。実は日本メーカーが進出する前は、トムソンやＲＣＡなど欧米企業が家電市場を押さえていたのです。そこからシェアを日本企業が奪った。それが、韓国企業に、次は中国企業へと移りつつあるということです。実際、先にも書いたように、中国メーカーはスマホでアフリカのトップブランドになっています。

中国はすでに、アフリカにとっての最大の貿易相手国です。売るのも買うのも、ともに最大。

中国が買っているのは、燃料・鉱物が約9割で、あとはコーヒー、紅茶、ナッツなどの食品関係です。売っているものは、4割弱が機械・電子機器・部品、残りは車両、プラスチック製品、アパレルなど幅広くあります。すでにそれらの輸出金額は10兆円規模になっています。

ちなみに、日本とアフリカの貿易は、アフリカへの輸出で約9000億円弱、輸入で8500億円弱。ともに中国の10分の1以下です。

実は中国がアフリカに本格的に目を向け始めたのは、2003年頃からです。そこから18年の間に、圧倒的な存在感を出すことになったのです。

中国のアフリカ進出の最大の目的は「資源の確保」です。2003年頃から、中国の急速な経済成長で資源不足が課題となり、戦略的に進出。とくに石油や鉱物、レアメタルなどで、国家のエネルギー安全保障の一環として進出しました。

もうひとつの目的は、「国際世論の形成」のようです。国際世論を中国の味方につける。国連の票を多く獲得することです。

国連に優れた人材を多く送って、いいポジションを獲得し、影響力を及ぼすことなども、国家戦略として進めているようです。その点でもアフリカは魅力的です。アフリカの国連における票は54票もあるからです。

米国の1票も、小国の1票も、経済規模で加重平均したりしませんから、同じ1票。アフリカを仲間に取り込むことは、国際世論の形成上、大きな意味を持つのです。

さらに近年はアフリカを「市場」としても捉えているようです。物価水準が近いため、中国の商品がそのままアフリカで売れるのです。アフリカ人も、中国に買い付けにたくさん来ています。建材でも雑貨でも服でもなんでもです。中国では、建材も雑貨も供給過剰なものが多く、それらを輸出しているのです。

こうして中国は、貿易で輸出入ともに最大相手国となり、インフラ投資や人の交流なども大規模に行い、アフリカに大きな影響力を持つようになりました。

中国がアフリカ投資に当たって出した条件

中国のアフリカ投資は、他の先進国とは違ったスキームで行われています。一般に、途上国を援助する際、ODAなどの実施において一定のルールや条件があります。例えば、ODAの工事は、競争入札にする、などです。他にも資金提供において、人権を守る、民主化を進める、不正・汚職をしない、などがあります。

ところが、中国の投資は、これらの先進国のルールに則りません。そもそも自分たちは発展途上国であると、一人当たりGDPだと今も発展途上国だと、主張しています。

これは、一部の国にとっても都合が良かったようです。いろいろな条件をつけず、ビジネス（儲かればやる）で投資してくれるからです。

もちろん、中国の投資がすべてうまくいっているわけではありません。北アフリカでは、２０１１年のアラブの春で政権が変わり、中国が投資した権益が破棄され、大規模な損失が出たというケースもあるようです。

中国の投資も無条件ではありません。有名な条件は、台湾を国として認めるなというものです。以前、アフリカには、台湾と国交を結んでいた国が10以上ありましたが、今は１カ国（２０２０年時点）しかありません。

入札に参加しても、日本がなかなか勝てない理由

中国は今、アフリカでも「一帯一路」の一環として次々に大型インフラ開発を進めています。高速鉄道や高速自動車道、ジブチには大型港湾施設も作っています。ケニアの高速鉄道については後にも触れますが、これを担ったのも中国です。

先進国の途上国への援助や投資には、先ほど記述したような、多くのルールがあります。

しかし、中国のやり方は異なります。最初にインフラを敷設するプロジェクトとして受注してしまうのです。援助ではなく「直接投資によるパッケージディール」です。

高速鉄道であれば、中国の車両・レール・運行システム・メンテナンスなど、すべてがパッケージ

で契約されます。それから資金調達です。これも、中国輸出入銀行などの金融機関が大半を融資しているようです。

個別プロジェクトに対する融資という形です。実際、中国は援助やODAとはいいません。通常のプロジェクトファイナンスとして実施するのです。

ナイロビ新幹線（Standard Gauge Railway）は、約3500億円のプロジェクトですが、8割以上が中国からの融資です。そして、そのうちの多くは中国の車両、レール、システム、中国ゼネコンの工事代金などとして支払われます。もちろん、ローカル企業やローカルワーカーにもお金は落ちますが、過半は中国企業が受注している。

そしてナイロビ新幹線に限らず、中国のアフリカでのインフラ投資の問題になっているのが、返済できなかったらどうなるか、です。元本を払えなくなったら、土地の長期間租借、といった契約が取り交わされている実例が他であるからです。

最近は「債務の罠」として有名になり、アフリカ各国も警戒をするようになってきています。もともとイギリスやフランスなどの植民地だったのです。債務免除や、新型コロナの影響で返済猶予、政変によって踏み倒し、など債務については今後も丁々発止のやり取りが続くでしょう。

新幹線といえば、本家本元は日本。実はナイロビ新幹線も簡易に試算したことがあるそうです。日本の新幹線だと、総工費で約1兆円、工事期間6年以上、日本からのファイナンスは最大5割程度。中国は、総工費約3500億円、工事期間3・5年、ファイナンスは8割以上。

この条件だと、勝ち目はありません。日本は最速250㎞で、毎5分で運行できて、事故がなく安全、でも高い。そこまでのスペックはまだいらない。

新幹線といいましたが、正確には標準軌道（SGR／Standard Gauge Railway）です。最高時速は170㎞、平均時速120㎞です。特急に近いと思います。客車は1日上下4〜6本程度で、あとは貨物車が運行します。実は、客車よりもこの貨物車が重要で、東アフリカの物流改革のカギになる可能性があります。今後、ウガンダの首都カンパラや、ルワンダの首都キガリ、ブルンジの首都ブジュンブラまでひかれる計画になっています。

ちなみにナイロビ新幹線は現在、ナイロビとモンバサ間470㎞を運行しています。東京から京都ぐらいの距離ですが、乗車賃は、普通車約800円（開業特別価格）、一等車が約3300円。5年間、中国の会社が運営して、ローカル企業に手渡すことになっています。私も開業後すぐに乗りました。満員でしたが、とても快適でした。

日本人は中国人の100分の1もいない

中国は、インフラ工事などを行うとき、一部労働者も含めて送り込んでいることは有名です。ただ、ナイロビなどの工事現場をみると、大半はローカルの労働者で、現場監督や重機の運転を中国人がやっています。

アフリカでの主要国のプレゼンス（2019年）

外資企業本籍地		日本	米国	中国	韓国	ドイツ	イギリス	フランス	インド
進出企業数	企業数（社）	493	2,000	2,504	461	625	887	1,100	795
	拠点数	795	4,365	4,000 ~6,000	900 ~1,000	3,030	3,491	3,974	2,000 ~3,000
各国の在留人数（人）		0.7万	11万	80万~100万	1.8万	13.2万	16.8万	24.8万	―

出所：各国外務省、The American Business Council、各国大使館、各国商工会、Eurostat、国連、JETRO、ICT Trade Map などの情報を基に AAIC 作成。

ちなみに、正確な統計はありませんが、約100万人もの中国人が、アフリカにいるといわれています。

最初は、エネルギー開発・インフラ開発から始まりましたが、次にトレーディング、小売・不動産・製造業など、通常の商売の人が進出してきました。それに合わせて、その人たちのための飲食店やサービス業が大挙して進出してきているというイメージです。強制で来ている人はわずかで「儲かるから」「そこにビジネスがあるから」という理由で普通にアフリカに来ています。

知り合いの中国人で、数名の仲間と一緒にコンゴで金の採掘権を得て、実際に採掘し、大儲けした人もいます。

アフリカ人にとっては、お金を出してくれる人は原則ウェルカムです。中国のイメージは「最近になって急激に成長した」「見習いたい」というイメージのようです。

中国もそれをアフリカで強くアピールしています。「経済発展の仕方を教えます」と、各国の政府にアドバイザー的な人材を送り込んでいます。「アフリカも中国のように発展したい」という感覚は多くのアフリカの国であると思います。

東アジアからは推定100万人の中国人、次に多いのが韓国人の約1万8000人。日本人は約7500人（新型コロナ流行前、外務省統計）です。中国は日本人の約100倍いますから、どこに行っても私は「ニーハオ」と話しかけられます。

アフリカ人にしてみれば、違いは全くわからないでしょう。私が「ノー」と答えると、次は「アニョハセヨ」と返ってきます。これも仕方がないでしょう。

一方でアフリカ人は、日本とは歴史的なわだかまりが全くありませんから、日本人をとてもウェルカムしてくれます。トヨタやソニーなどの日本ブランドは非常に浸透しています。ただ、彼らは日本人にはほとんど会ったことがない。

近年、国ベースで考えると、やはり中国の存在感は大きい。インフラ投資から、政府へのアドバイザー派遣、商工会議所、ビジネスセンター、大学や病院、農業学校、チャイナタウンなども中国資本でどんどんできています。

もちろん、貿易でも中国がナンバーワンになっていますが、FDI（海外直接投資）の累積ベースだと、イギリス、フランス、米国もまだまだ大きなプレゼンスがあります。日本も、一貫してJICAやODAで支援をしてきており、一定のプレゼンスはあります。さらにトヨタのような、いい商品としての認識や、ハイテクな国というイメージもあります。それらを活かしながら、活躍する日本企業と日本人が増えてくることを心から期待しています。

COLUMN

アフリカと奴隷制度

日本の室町・戦国時代、16世紀は、世界はスペインとポルトガルが二分していました。その後、江戸時代の17世紀はオランダが、18世紀以降はイギリスが出てきます。

世界史的な話になりますが、スペインとポルトガルは、金・銀を中南米から持ってくるなど、比較的シンプルなモデルでしたが、オランダ、イギリスが宗主国になってからは、本格的なグローバルビジネスが始まるようになります。新大陸の植民地にアフリカから労働者を送り込み、そこで砂糖や綿花を作らせて、自国で売る。さらに織物に加工して他国に売るというモデル。このビジネスで莫大な利益を上げたのです。

この時代に新大陸で働かせる労働者としてアフリカから送り込まれたのが、いわゆる奴隷貿易です。

16世紀から18世紀の約300年間、奴隷が送り出されたのは、主に西アフリカです。ナイジェリアからガーナ、リベリアがあるあたりです。このあたりは奴隷海岸と呼ばれました。18世紀にはイギリスのリバプールやフランスのボルドーから銃器などが西アフリカに運ばれ、西アフリカから現地の人が奴隷として西インド諸島(カリブ海地域)に運ばれ、そこのプランテーションで働かせられ、そこの綿花や砂糖がイギリスに戻るという三角貿易です。リバプールは、奴隷貿易で栄えた街なのです。

アフリカから新大陸への海の移動は、困難を極めたと言われています。一説には2500万人がアフリカの奴隷貿易で扱われ、途中で500万人が亡くなり、2000万人しか渡れなかったとも言われています。（最近の学説では3世紀間で、約900万〜1200万の人が奴隷として連れ出されたと言われています）

彼らは労働者が足りなかった新大陸で、綿花畑やサトウキビ畑で酷使されることになります。そうやって作られた綿花や砂糖をイギリスに持っていき、イギリスは大儲けすることになるわけです。

19世紀末には、エチオピアを除くアフリカの内陸部まで、ほぼ全域が植民地化され、分割統治が進むことになります。

第2次世界大戦後、植民地から多くの国が独立を果たしました。1957年に最初に独立したのは、奴隷海岸にあった国、ガーナでした。その初代大統領クワメ・エンクルマの演説を聞いて、アフリカへ行こうと志したのが前述の若き日の佐藤芳之さんです。

アフリカ・ファクトフルネス⑥の答え

問1 **韓国のサムスンがアフリカで上げている売り上げは日本円で？**

③ 1兆〜2兆円

問2 **世界的な化粧品会社のロレアルが進出しているアフリカの国は？**

③ 主要国30カ国中29カ国

第7章

アフリカは日本企業がもったいない状況にある

日本企業

アフリカ・ファクトフルネス⑦

問1 ケニアの自動車の日本中古車のシェアは?

① 60%
② 70%
③ 80%

問2 ナイジェリアで年間に食べられるラーメンの数は?（人口は2億人）

① 10億食
② 20億食
③ 30億食

40年前は今の約3倍の日本人がアフリカにいた

今、アフリカに進出している日本企業は約500社、拠点は約800あります。日本人の数は、外務省の統計では約7500人（2019年）。

実は1970年代から80年代前半頃まで、日本人は今の約3倍、アフリカにいたそうです。例えば、ケニアは現在、在留邦人は900人弱（新型コロナ流行前）ですが、1980年代初頭は約3000人を超える日本人がいたそうです。

第2次世界大戦後、1960年代に入ってからアフリカ各国が独立し、高度成長の勢いもあり、日本企業が続々と進出していました。繊維の東レなどの各社、電機の日立製作所や東芝、パナソニック。大手商社も多くの駐在員をアフリカに置いていました。JALはケニアへの直行便を運行していました。

背景にあったのは、日本の高度成長。資源の獲得から、通信インフラの敷設、市場開拓など、今の中国と同じように多くの日本企業が進出していたのです。

自動車も、テレビも、冷蔵庫も、通信用交換機も、世界の中で当時は日本が一番安価だった。アフリカ現地も独立後まもなく、繊維も家電も自動車もすべて必要だった。旧宗主国からの輸入から脱却し、自国での生産も目指していたようです。

サブサハラ地域のGDPと原油価格推移

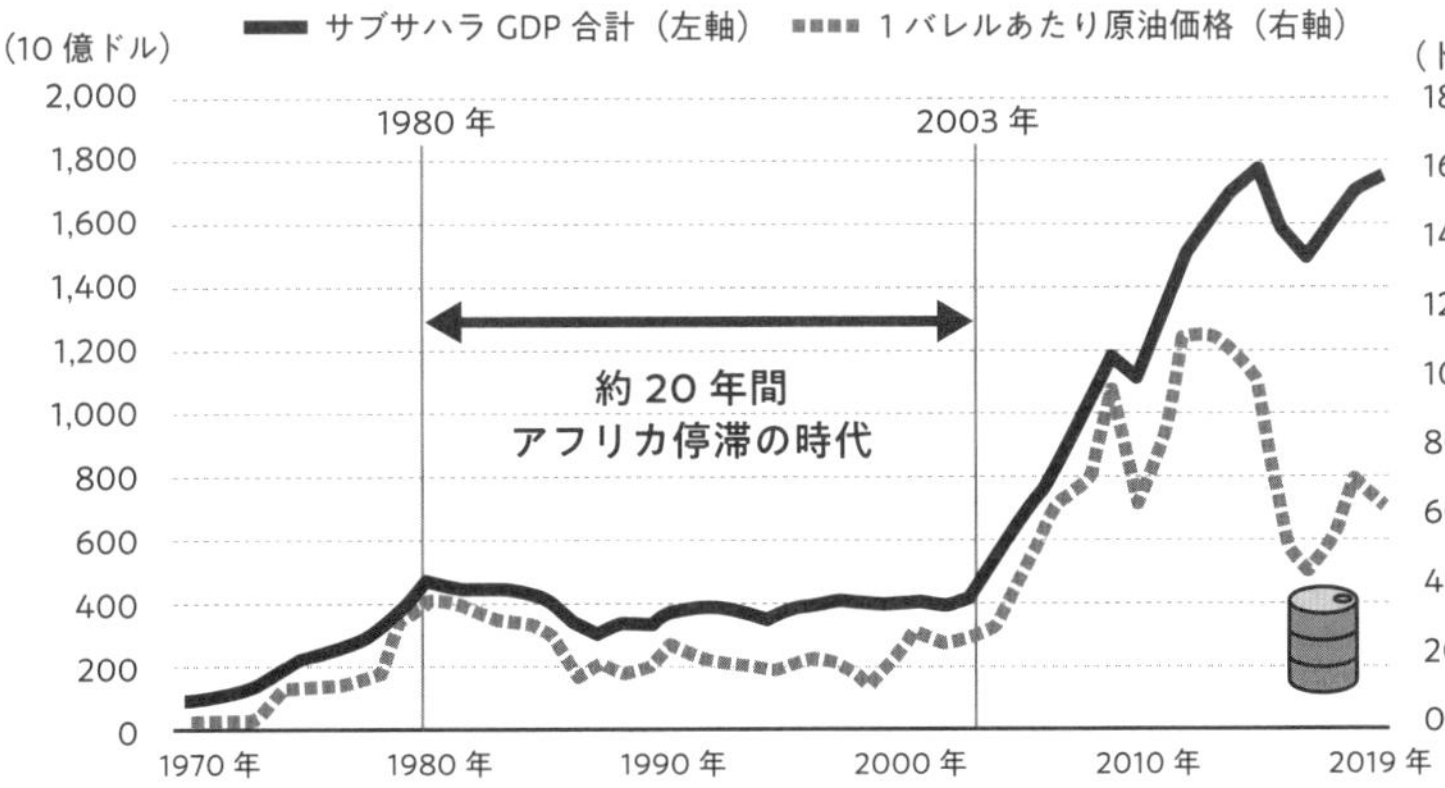

注：原油価格は 1983 年以前は Ras Tanura（サウジアラビア最大の原油積出港）の価格、1984 年以降はブレント（Brent）原油価格。
出所：国連、BP のデータを基に AAIC 作成。

先のコラムに登場しているケニア・ナッツ・カンパニーの佐藤芳之さんが、アフリカのガーナに留学したのが１９６３年。ガーナ大学を卒業したのが１９６５年。最初に勤めたのが、東レのケニア事務所でした。当時、ケニアに工場があったのです。

山崎豊子さんの小説『沈まぬ太陽』に、ケニアにＪＡＬの社員である主人公が飛ばされてしまう、という話が出てきます。実際には彼は、ケニアで決して悪くない暮らしをしていたそうです。毎日が夏の軽井沢のような気候。素敵な住居に住み、サファリやゴルフを楽しみ、メイドを雇って悠々自適の暮らしだったそうです。

しかし、１９７０年代まで順調に成長を続けていたアフリカに、変化が現れます。１９８０年代から90年代の20年間は、アフリカの死と呼ばれますが、経済成長がほとんどできなかったのです。

最大の理由は、資源価格と一次産品の価格低迷です。1973年と79年に石油ショックが来て、資源価格が大きく上がったのですが、1980年代以降、資源価格は長期低迷したのです。さらにコーヒーやカカオ、紅茶などの一次産品の価格低下も影響が大きかったようです。当時、アフリカ各国の主な輸出品目は、資源と輸出用一次農産品です。アフリカ各国で農産品が生産過剰であった上に、アジア・南米などでもプランテーション開発が進み、需給が緩んだのが大きな原因です。

また、独立後の政治の腐敗や政治の不安定化も、大きく経済を悪化させました。1960年代に多くの国が独立し、初期は国づくりに燃えていたようですが、その後は権力闘争、独裁、不正・収賄、クーデターなどが頻発し、内戦も多発しました。

エチオピアは1980年代、大規模な内戦を経験して、大量の難民を出し、世界をめぐるニュースとして流れました。コートジボワールも内戦になりましたし、ルワンダの虐殺も1994年に起こります。

第2次大戦後、1960年代に次々と独立が実現。石油ショックなどで資源価格が上がった1970年代。その後、1980年代以降、一気に苦難の時代を迎えたのです。

日本は1990年代に入ってバブルが崩壊。それ以降、日本企業は次々に撤退することになったようです。これが、アフリカから日本人が減っていった大きな理由でした。

中国の進出と資源バブルでアフリカが再浮上

1990年代に日本企業が次々に撤退していく中、アフリカにやってきたのが、韓国企業でした。そして先にも書いた通り、2003年から中国が大規模に進出してきます。江沢民／胡錦濤による、「資源確保／資源安全保障」「海外に出て行こう」という大号令でした。これで中国の資源の爆買いが始まるのです。

そして中国が資源を爆買いしたために、2003年頃から石油価格を含め資源バブルが始まります。同時に中国はアフリカ投資も推し進めたために、まさにアフリカ経済はここ2003年から2016年まで急成長を迎えることになりました。

ナイジェリアやアンゴラなど、資源国に始まって、次々に経済が浮上していったのです。2008年からの7年ほどで、ナイロビの不動産は約6倍に跳ね上がりました。2000坪の土地を2000万円で買っていたら、6年経ったら2億円になっていたという話もあります。

ただ、石油をはじめとした資源価格は、あまりに上がり過ぎた。結果的に2016年に資源バブルが崩壊。大きく価格を下げます。これが、ナイジェリアなどの産油国を中心に、アフリカ経済に大きなダメージを与えました。

こうしたマクロ的な要因に、経済が影響されることは避けられないのがアフリカです。1980年代から90年代、石油が低迷していた時代は1バレル20〜40ドル前後でした。

これが急激に上がったのが、2003年からの13年間でした。国際原油価格が最高で1バレル140ドル以上まで上がったのです。

しかし、2016年の資源バブル崩壊で、ナイジェリアは通貨が暴落（約3分の1に下落）。アフリカ最大の国、ナイジェリアのエンジンは、外貨の9割を稼ぐ石油。石油価格の下落のインパクトは計り知れないのです。

もちろんケニアやエチオピアのような国は石油を輸入しているので、2016年の暴落は経済的にはプラスに働きます。外貨に余裕ができるからです。国によって、石油価格の変動の影響はプラスにもマイナスにもでます。

再び日本の大企業の進出が始まっている

一時期、アジアのどの国よりも数多くいたアフリカの日本人ですが、先にも触れたように、今や中国の100分の1以下。しかし、今、日本企業の進出が増加し始めています。

古くから進出していた自動車メーカーや商社は、その規模を拡大しています。トヨタ、日産、ホンダ、いすゞなど、自動車産業はほとんどアフリカに進出しています。単なる輸出だけでなくノックダウン生産も一部で行っています。伊藤忠、三菱商事など、大手商社も駐在の日本人を増やしています。

北部

モロッコ

三井物産、三菱パワーシステムズ、IHI、住友電工、日産、三菱ふそう、矢崎総業、フジクラ、デンソー

チュニジア

三菱電機、矢崎総業、住友電工、丸紅

エジプト

東洋エンジニアリング、豊田通商、三菱重工、双日、住友商事、日立製作所、丸紅、三井物産、トヨタ、日産、スズキ、いすゞ、三菱ふそう、住友電装、大塚製薬、ユニ・チャーム、味の素、JT、東芝、シャープ、パナソニック、神戸物産、セラミカ・クレオパトラ、ナイルインターナショナル

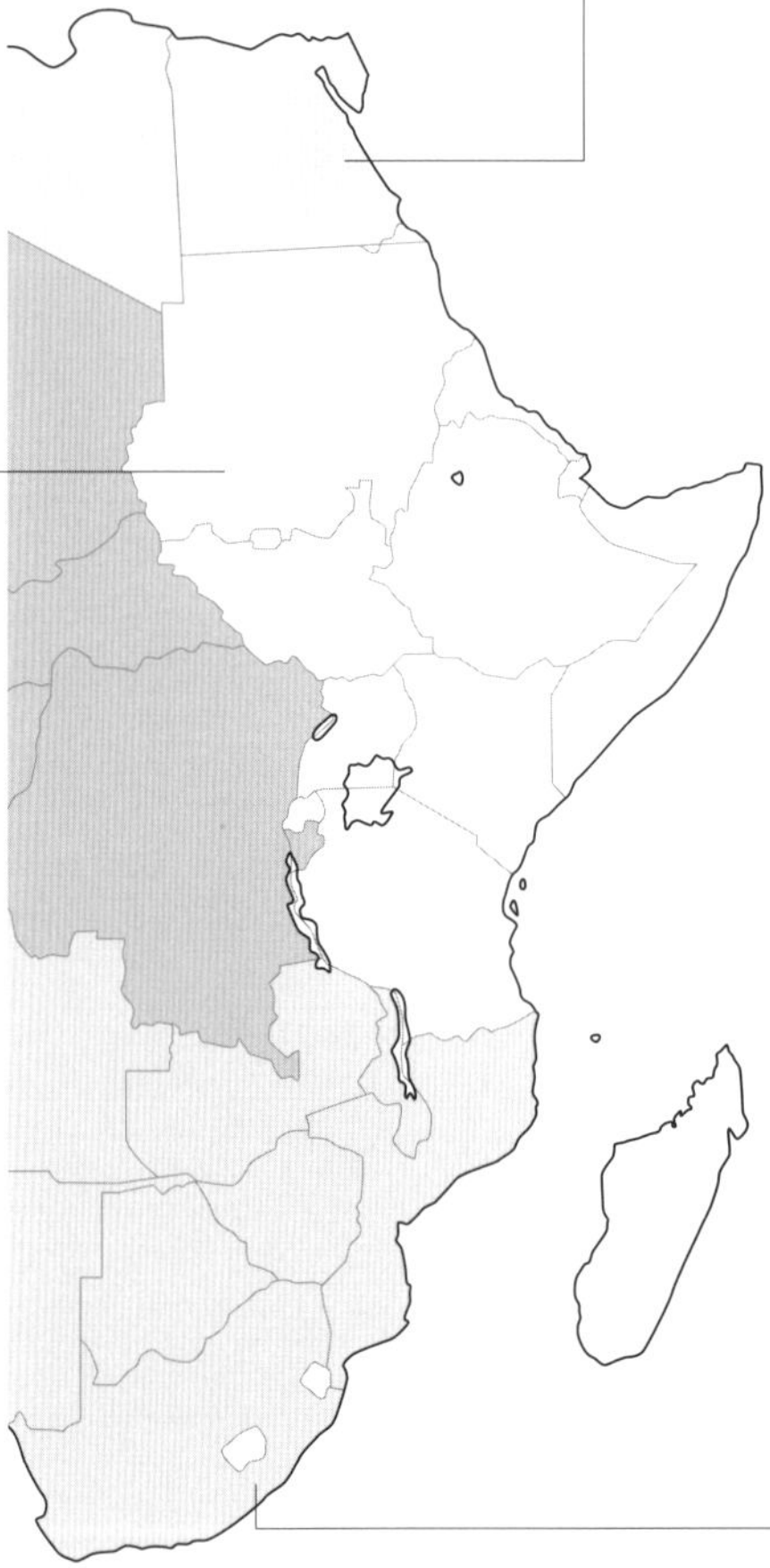

南部

アンゴラ

丸紅、双日、三菱商事、国際石油開発帝石、豊田商事、双日、住友商事、三菱重工

モザンビーク

双日、三井物産、三菱商事、新日鐵住金

ザンビア

日立建機

ジンバブエ

ビズライト、マツダ、伊藤忠

南アフリカ

伊藤忠、住友商事、三菱商事、三井物産、コマツ、日立建機、トヨタ、日産、マツダ、三菱ふそう、いすゞ、UD トラックス、ブリヂストン、デンソー、矢崎総業、小糸製作所、JT、丸紅、NEC、NTT、関西ペイント、パイロット

マラウイ

双日

ナミビア

伊藤忠

ボツワナ

JOGMEC

多くの日本企業が進出を始めている（2015年）

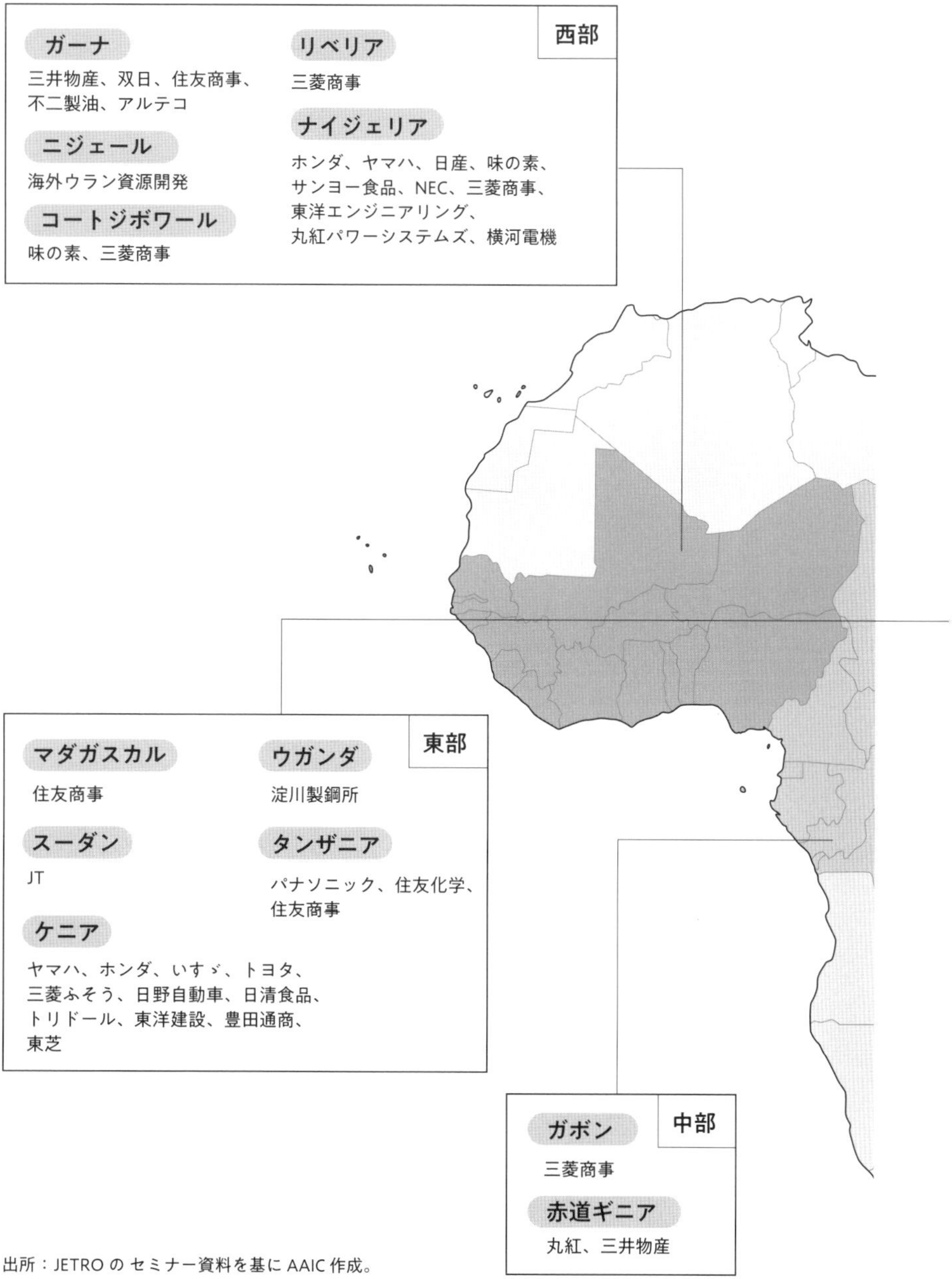

出所：JETRO の セミナー資料を基に AAIC 作成。

自動車メーカーが進出すれば、部品メーカーも進出していきます。ブリヂストン、デンソー、矢崎総業なども進出済みです。

ちょっと変わったところだと、JT。2007年に欧州、アフリカ、中東などでたばこ事業を営む英ギャラハーを買収し、アフリカでのたばこ事業を取得し、2011年にスーダン最大手HCTF社、2012年にエジプトの水たばこ大手のNakhla、2017年にエチオピア最大手のNTE（ナショナル・タバコ・エンタープライズ）を買収し、アフリカ最大のたばこ会社になっています。

もともと海外事業はスイスに本社があるJTインターナショナル（JTI）が行っています。このような世界での買収によって、JTは世界トップスリーのたばこ会社になっています。アフリカでの葉たばこの生産でも最大手です。

消費財では、ユニ・チャームや大塚製薬などが進出しています。東芝、シャープ、パナソニックなどは、エジプトに進出しています。ケニアやナイジェリアには、ホンダの二輪車の組立工場があります。

ただ、進出企業数は増えていますが、米国や中国に比べると、まだまだ少ない。

私の印象としては、10年前のインドへの日本企業の進出状況にそっくりです。2008年のインドはちょうど、日本企業が550社／838拠点ほど進出していました。それが2019年は約1454社／5102拠点になっている。約10年間で3～6倍になったのです。

現在、アフリカの日本企業の進出数が493社／795拠点（2019年）。これから10年ほどで、

アフリカ全体の自動車販売台数は約314万台（2015年）

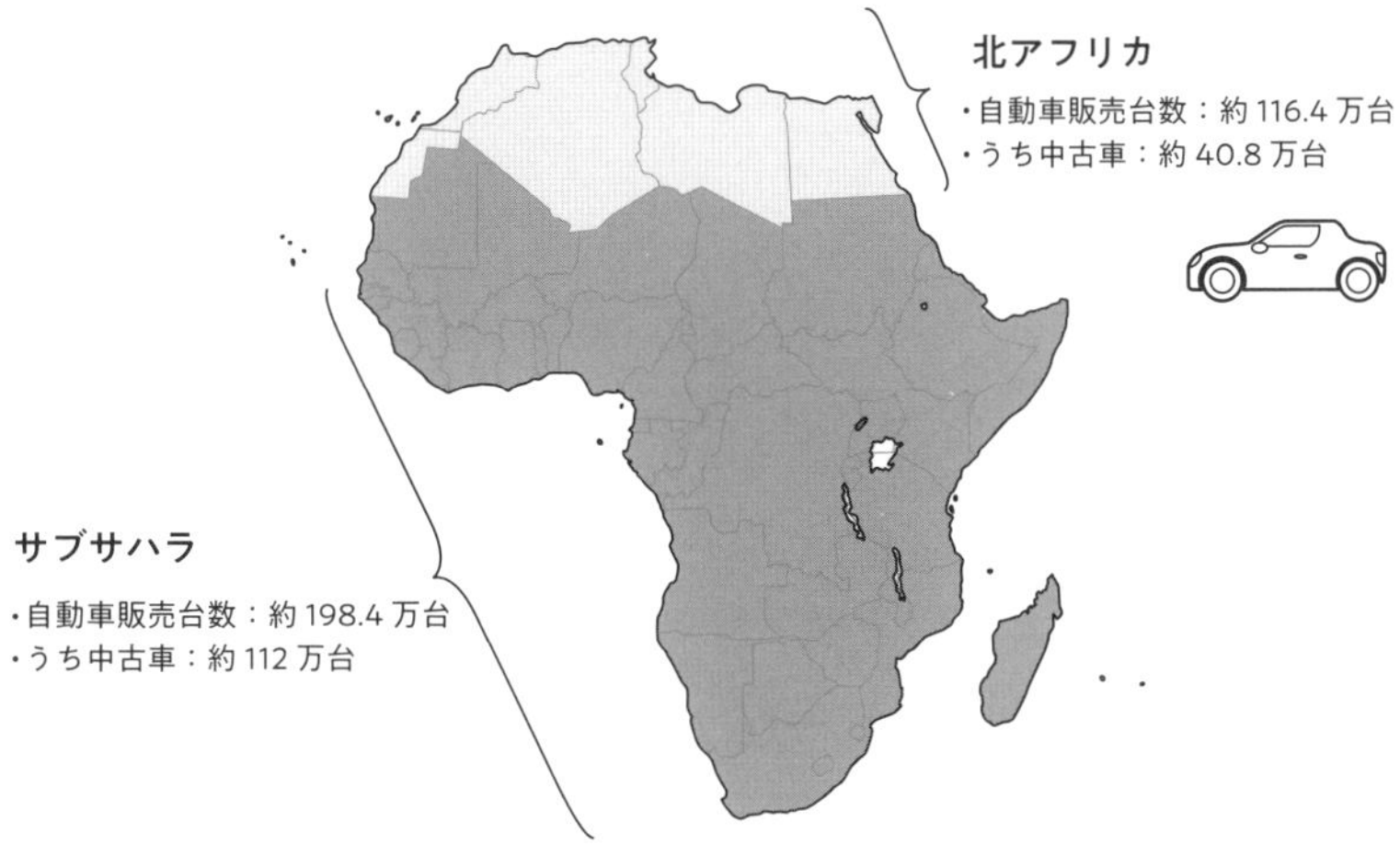

出所： NAAMSA、Focus2move、OICA、BMI Research、フロスト & サリバンなどの情報を基に AAIC 作成。

日本企業の数が今の3～5倍になる可能性は十分あると思います。

ちなみにかつてはＪＡＬがケニアに直行便を飛ばしていましたが、今はありません。今、最もポピュラーな行き方は、中東経由です。ドバイまで約12時間。そこからケニアなら5時間強、ラゴスなら8時間強。意外と便利なのが、エチオピア航空の香港経由便（現在は仁川経由）です。これで、16時間強。スターアライアンスですから、ＡＮＡと提携しています。

中古車のネット販売で大ブレイク

アフリカ全体の自動車販売台数は、推定約３１４万台（２０１５年）。このうち新車は１６２万台、中古車が１５２万台。つまり、新車と同じくらいに中古車が売れるのが、アフリカです。ケニアでは、自動車販売台数９万９０００台のうち、８万台が中古車です（２０１５

全輸入車に占める日本からの輸入比率

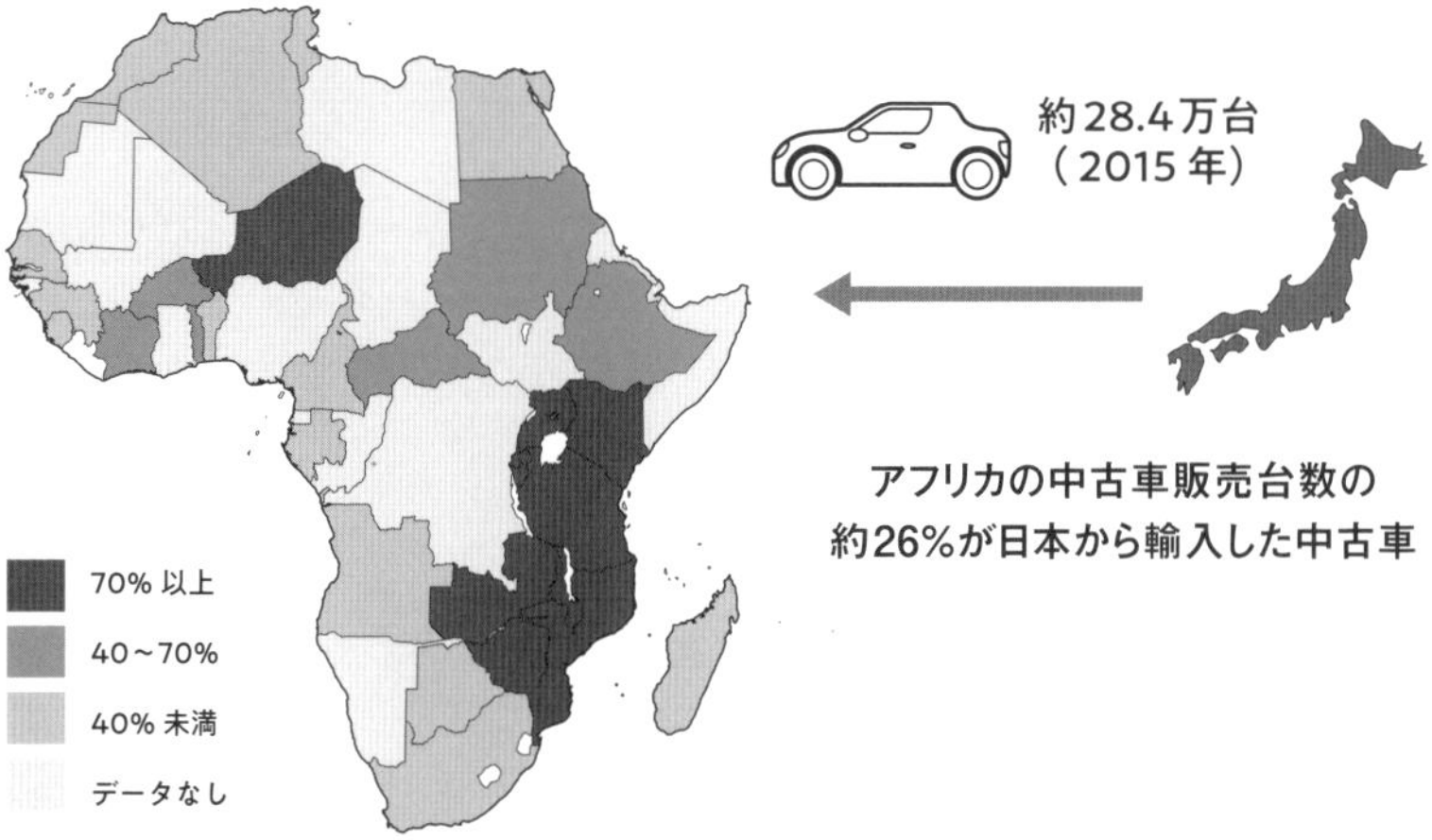

注：FOB20万円以下の車は含まれない。ケニアは2013年のデータ。
出所：Comtrade、USSの情報を基にAAIC作成。

年推定）。

南アフリカと、エジプト、リビア、チュニジア、モロッコ、アルジェリアなどの北部を除くと、大部分を中古車が占める国がほとんどです。

そしてアフリカでは日本の中古車が大人気になっています。特にケニア、タンザニアなど東側の国は、もともとイギリスの植民地だったので、右ハンドルです。だから、そのまま売れてしまう。東アフリカでは、日本車のシェアは軒並み70%以上で、ケニアでは中古車8万台のうちの約8割が日本車。そのうちの約8割がトヨタ車です。

西アフリカの国は左ハンドルが多いので、そこまで日本車のシェアは高くありません。

日本からは、FOB（本船渡し）ベースで20万円以上の車が28万4000台、アフリカに送られています（2015年）。20万円以下を入れると40万～50万台アフリカに輸出されていると思われます。これが、どれくらいのスケールなのかというと、スバルの日本での年間新車販売台数が約13万台（2019年）なのです。その2～3倍は販売されているということです。

この中古車の輸出を手がけて大きく成功した日本のベンチャー企業があります。「BE FORWARD」です。本格的に始めて5年ほどで、大ブレイクした企業です。何をやっているのかというと直接、アフリカの人に日本の中古車をネット販売しているのです。

もともとは日本で中古車販売をしていたそうなのですが、あるときアフリカ人の女性から直接、買いたいとの問い合わせがあったそうです。そのとき気づいたのが、海外に大きな市場があるということ。ネットのカーセンサーなどを見ながら最終ユーザーが直で買いたいというニーズがあること。当時、誰もネットで直接販売はしていなかったということです。そこで、アフリカ人が直接ネットで日本の中古車を買えるようにしたのです。

もちろんすべて英語のサイトです。実物に試乗できませんから、たくさんの写真を掲載します。お気に入りの車が見つかれば、どこに住んでいるか、どの港から上げたいか、などの情報を入力すると、本体価格、輸送費、保険なども含めて、届くまでの費用の全額が出ます。納得したら購入ボタンを押し、お金を送金したら、日本から車が送られてきます。海上輸送なので2～3カ月はかかりますが、自分の国まで運んでくれるのです。

全額前金です。というのも、実はアフリカでは、現地でも中古車販売は前金が普通です。でなければ売ってもらえない。これが、アフリカの常識です。

これまでのアフリカ向けの中古車販売は、ブローカーが中心にビジネスをしていました。彼らは40フィートのコンテナにまとめて4〜5台積んで送るというモデルです。それを現地の中古車会社が買って、ユーザーに販売する。ユーザーは日本から好きなものを直接は買えませんでした。

本格開始からわずか5年で年商が500億円に

アフリカ人にネットで直接、売れる仕組みを作ったBE FORWARD。実はこの会社、年商約500億円規模になっています。

もともとアフリカに中古自動車のニーズがあった。特に日本車は、程度がいいのに安い。それまでのブローカーでは、不満やトラブルも多かった。そこで、インターネットを使って直接ユーザーに販売することにしたのです。

直販なので、価格も安くなります。運ぶのに船便で2カ月。現地で整備が必要ですので、ローカル企業と提携して現地で整備も行う。

先払いなので回収リスクや資金繰りの苦労も少ない。ユーザーは、なんといったってスマホで日本車が直接探せる。みんながウィン-ウィンの仕組みを作った。これにより、これほどまでに事業が拡大したのです。

今ではアフリカのみならず、モンゴル、ミャンマーなどにも展開。調布に大きなコールセンターを作って対応しています。モンゴルでは、日本のプリウスなどのハイブリッド車が人気だそうです。

先にも触れたように、ケニアは中古車のうちの8割が日本車です。そのうちの約8割がトヨタ車のようです。ですから、街中はトヨタ車だらけ。

中には「××工務店」と日本語の名前が書かれたバンがそのまま走っていたりします。日本語のカーナビがそのままついている車もあって、エンジンをかけると「ルート探索を行います。……できませんでした」なんて日本語の音声メッセージが流れることも。

アフリカの人にとって日本は、いい車を作る国、というイメージが強くあります。ケニアでの一番人気はトヨタのランドクルーザー（ランクル）です。大統領の移動車両もランクルです。

中古車といっても輸入中古車の扱いは別格です。実際、輸入中古車は現地で「ニューカー」と呼ばれています。それは日本から輸入された中古車のことです。ローカルで中古車になった場合には、「セカンド／オールド」と呼ばれます。本当の新車は「ブランニューカー」です。

もちろん部品もしっかり流通しています。ミラー、ドア、バンパー、エンジン、トランスミッション、ボディパーツ……。これらもネットで買えます。

また最近では、日本の中古のトラクターや建機などもBE FORWARDで販売されています。中には40年前のトラクターも高値で売られています。ここでも、日本のモノへの信頼は高いのです。

アフリカで日本のインスタントラーメンは2位

日本のメーカーが発祥のインスタントラーメンは世界中で売れている食材で、アフリカでも売れています。袋ラーメンがメインです。ナイジェリアでは年間20億食売れています。人口は2億人ですから、一人平均10食／年です。

ただ、シェア1位の会社は日本企業ではありません。1位の会社は、インドネシアの「インドミー」です。インドネシアでは誰もが知っている即席麺ブランドです。インドネシア大手財閥のサリムグループと合弁でナイジェリアに即席麺工場を作った、シンガポールのコングロマリットのトラムグループです。

1980年代にナイジェリアに最初に進出したのが、この会社でした。インスタントラーメンは、アフリカ人には当初、仰天の食べ物だったようです。こんなミミズみたいなものが食えるか、と。ところが、大人気商品になってしまった。

日本は「サッポロ一番」のサンヨー食品が第2位のシェアを持っています。ただし、サッポロ一番ブランドでは展開していません。ローカル発祥企業の「オラム」とのJVです。

ひとつ面白いのは、ナイジェリアで20億食出るとなれば、ケニアもすごいだろうと思いきや、袋ラーメンはあまり売れないのです。実は東アフリカは、汁ものはあまり食べない。どちらかというと、ドライなものを好む。ケニアもタンザニアも、すすって食べる文化があまりないようです。

アフリカでも、食文化は東と西では、ずいぶん違うのです。東アフリカはドライ系で、ケニアでは肉はヤマチョマと呼ばれる焼肉系が好まれます。主食はウガリと呼ばれるトウモロコシの粉をふかしたものが伝統的です。

一方の西アフリカはスープ文化で、スープで煮込む料理が多い。だから、ラーメンも受け入れられたようです。

トラランは戦後、日本でラーメンの技術を学んだそうです。それをインドネシアに持って帰って大成功させ、今度はアフリカに持ってきた。それをナイジェリアに持っていったところがポイントでした。ちなみに日清食品が東アフリカで作っていたカップラーメンは、ほとんど汁がないモデルでした。焼きそば風の汁なしラーメンのような感じです。食品メーカーは、きちんと現地をリサーチして、商品を作っているのです。

アフリカの食文化はまだまだ質素ですが、地域によって特徴があり、非常に興味深い市場です。

日本が9割輸入している「タコ」はアフリカ産

逆にアフリカから日本が輸入しているもので、高いシェアのものがあります。もちろんダイヤモンドや金などもありますが、多くの人が驚くのが、タコです。実はモロッコとモーリタニアから約7割

日本のタコ主要輸入国

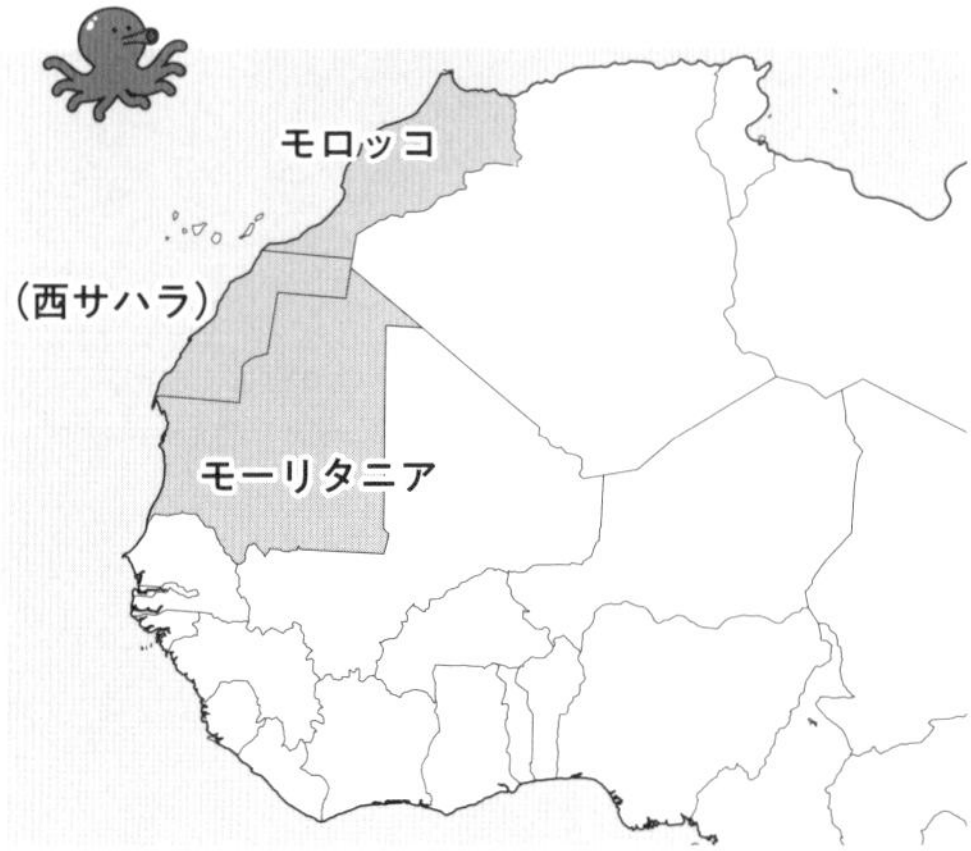

を輸入しています。また、ゴマの5割もアフリカ産です。

タコの輸入には、物語があります。タコを輸出しているのは、モロッコやモーリタニアの西側、大西洋岸のエリアです。タコはまだ、養殖が完全に成功できていません。ウナギ並みに養殖が難しいとされています。

プランクトンのようなふわふわした幼生のタコが、やがて大きくなっていくのですが、幼生時に何を食べているのかもよくわからないそうです。

わかっているのは、遠浅で、水の綺麗なところで生育すること。それをうまく育てて捕獲する。そんなタコ漁にふさわしい場所が、アフリカの大西洋側にあった。寒流と暖流がぶつかるところ。しかも現地の人は食べない。そこで、日本人がタコ壺を使ったタコ漁を教えたのです。1977年のことです。

インターネットで検索すれば、物語に関わる記事がたくさん出ています。当時27歳の日本人が、教えたそうです。

必要なのは、タコ壺。これをプラスチックで作って海に出しておくと、この中でタコが育つ。大きくなったら捕獲する。これを繰り返していれば、サステナブルにタコが獲れる。このタコ漁は、日本人が指導し、現地で大きな産業になったのです。

アフリカ人はタコを食べません。8割は日本に輸出され、2割はイタリアに送られます。貴重な外貨獲得源になっています。

ただ、このタコ漁が今、危機的な状況にあるそうです。出てきたのが、中国です。遠浅でサステナブルに丁寧にじっくり育てていたタコを、中国の漁船はスーパートロールという手法で、根こそぎ持っていってしまうそうです。

網が金属でできていて、一網打尽で何もかも持っていってしまう。そうすると、ペンペン草も生えない。

しかも、そのまま船で冷凍してしまい、一切、現地では水揚げはしない。中国で加工して日本に輸出している。当然ですが、現地の漁師とは揉めているそうです。

アフリカから西サハラ産、モーリタニア産の冷凍タコが日本に送られているのですが、それを最も買っている会社があります。「築地銀だこ」を運営しているホットランドです。

日本人は、たこ焼きが大好き。タコは欠かせないのです。

最近では、中国でもたこ焼きブームになり、たこ焼き消費

タコの漁獲・輸入量

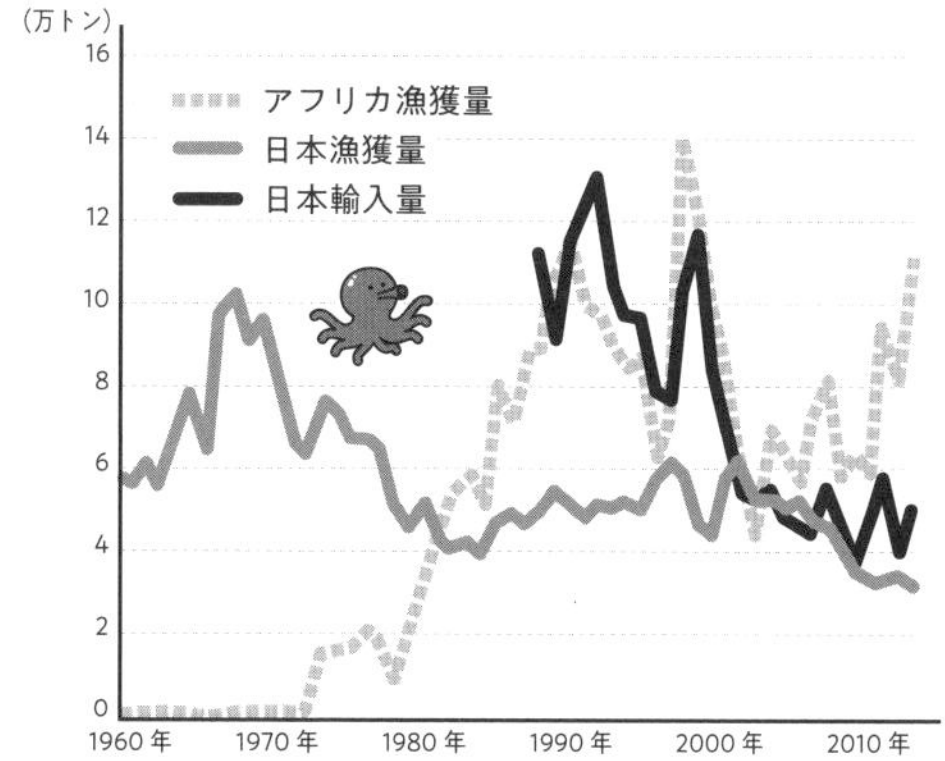

出所：水産研究・教育機構『FRA NEWS』2018年3月号を基にAAIC作成。

が急増。このままではタコが足りなくなる。「築地銀だこ」では社長自らが、タコを探しに奔走しているそうです。

日本近海のタコの漁獲量は年々減少しており、ピークの3分の1になってしまっています。もとより、プラスチックのタコ壺漁も、環境問題からまだ課題もあり、サステナブルなビジネスにするにはもう一工夫が必要なようです。日本のタコ輸入が今、ピンチになっているのです。

タコ漁の船外機で75%のシェア

このタコ漁に関連して、アフリカ人から大きな信頼を獲得している、日本のメーカーがあります。ヤマハ発動機の船外機です。遠浅の海を沖に進んでタコ漁をするとき、ボートの後ろに取り付けるプロペラ船外機です。

中古車市場で日本のトヨタが圧倒的なシェアを持っていますが、船外機で圧倒的なシェアを持っているのはヤマハ発動機なのです。実に75%のシェア。こちらは、新品での販売が中心です。何より、命がかかっているからです。

タコ漁だけでなく水上での漁では、沖に出て船外機が壊れてしまったら、死活問題です。本当に命に関わる。だから、安価でも中国製の船外機を現地の人は買いません。信頼のあるヤマハの船外機を買うのだそうです。

ヤマハはタコ壺漁が始まった頃、一緒に取り組んだそうです。ＦＲＰ製のボートの作り方を教え、船外機の操作を教え、タコの育て方も教え、現地で茹でて冷凍にして日本に持ってくる仕組みのすべてを整えたそうです。

このヤマハの取り組みもまた、物語があります。涙の物語が今も受け継がれています。当時、現地のアフリカの漁師さんの多くは、文字が読めなかったそうです。だから、説明するにも、絵を使った。

当時の船は、木製が当たり前。そんな中でＦＲＰ製の船をどうやって作るか。型を提供し、ＦＲＰを加工するための機械も提供し、魚の鮮度を保つ製氷機なども提供したそうです。これらを無償で実施したそうです。船外機だけはお金を取った。修理やメンテナンスの仕方も教えた。こうして信頼を構築し、ビジネスに仕立てていったのです。

ヤマハ発動機のウェブサイトに行くと、関連動画を見られます。アフリカの漁師たちは、タコ漁を終えて戻ってくると、船外機を外して大事そうに持って帰るシーンが映っています。船につけっぱなしにしていて、誰かに持っていかれたら一大事だからです。

壊れにくさで信頼を得ているわけですが、万が一の故障もあり得る。そうなったら、アフリカの人たちは漁ができない。そこで、拠点を作っ

ヤマハ発動機の船外機

てすぐにメンテナンスができる体制も整えています。

船外機というと、日本ではモーターボートを思い浮かべる人がほとんどです。多くは、レジャー目的でしょう。ところがアフリカでは、タコ漁などに不可欠なものになっているのです。

そして、中国メーカーが出てきても、揺るがない信頼を築いている。そんな日本のメーカーがあり、30年以上にわたって、それを継続しているのです。

COLUMN
日本は「真の開国」をすべき

私は、新型コロナ流行前、アフリカを含め海外に1年の半分近く出張していましたが、アジアとアフリカをカバーするため、拠点はシンガポールに置いています。シンガポールに住んでいる、というと、決まって「暑くないですか」と聞かれるのですが、とんでもない。真夏は、日本のほうが、シンガポールよりはるかに酷暑です。シンガポールは本当に暑くても33度ぐらいまで。最も暑いときには40度近くなる日本と比べれば、過ごしやすいです。

しかも東京などの大都市は、そんな暑い中でも徒歩や電車で移動することが基本になっています。シンガポールはそうではありません。ビジネスパーソンはタクシーやグラブ（ライドシェアの現地最大手）を頻繁に使います。アプリですぐに呼べます。これは中東でも同じで、ドバイなど一般人が真夏の昼間に、外を歩くなんてことはほぼないのです。

シンガポールではタクシーが当然ながら安い。初乗りは3～4シンガポールドル（240～320円）ほど。けっこうな距離を走る中心地から空港まででも1800円ほど。

改めて思うのは、世界で最もタクシー料金が高い国の1つが日本のようです。トリップアドバイザーが「1000円でどこまでタクシーで行けるか」という2015年に行った調査があります。それによると、日本は2・9㎞、シンガポールが25・5㎞（日本の約8倍）、米国、ハワイ7・3㎞（約2・5倍）で、調査都市ではほぼ最下位です。

また、シンガポールでは、多くの中流家庭でメイドさんを普通に使っています。一定水準以上のコンド（日本でいうマンション）にはすべてメイドさん用の部屋があります。シンガポールでは、フィリピン人やミャンマー人のメイドさんの賃金が住み込みで月6万～7万円です。

シンガポールでは、女性が働くのは当たり前ですから、メイドさんを使うのも当たり前です。働いている女性が、家事や育児、子供の送迎などをすることは非常に少ない。メイドさんにお願いします。

同じことがインドネシアだと1万～2万円になるようです。一般家庭でも普通にメイドさんを使う文化になっています。

そしてこれがアフリカだと、ルワンダでは月5000円（2016年当時）ぐらいです。

先にも書いたように、ルワンダ・ナッツのＣＥＯは日本人ですが、彼女は子供が２人います。フルタイムで仕事をしているので、メイドさんを２人雇って月１万円だそうです。

食事も掃除も洗濯も、子供の送り迎えも教育もすべてやってもらって月５０００円。そして、自分はフルタイムで仕事をする。もし、同じことを日本でやろうとしたら、月20万～30万円になるのではないでしょうか。

今の日本で、ハウスキーピングのためのサービスを使ったら、週数時間で月数万円のお金が飛んでいく。これでは、そうそう使えるモノではありません。これにより働きたい女性の活力が、十分に活かせていないという面もあると思います。

移民の問題はいろいろな議論がありますが、そのようなワーカーの人たちを国に入れないために、子育て中の人たちは大きな機会損失をしている。ひいては日本全体としてもマイナスになっている。そして世界全体で見たら、そのような雇用の場を奪っているとも言えます。また、今後、毎年70万～１００万人もの人口減が50年間以上続くと予測されている日本。日本の労働力や活力の維持のために、世界から人や情報や資金や企業にどんどん来てもらうという「真の開国」を目指すべきだと思っています。

それが、富の再配分、機会の提供、世界のアンフェアや貧困をなくしていく、それこそ真のＳＤＧｓの実現であり、日本と新興国とのウィン‐ウィンの道だと思っています。

アフリカ・ファクトフルネス⑦の答え

問1 ケニアの自動車の日本中古車のシェアは？

③ 80％

問2 ナイジェリアで年間に食べられるラーメンの数は？（人口は2億人）

② 20億食

第8章

アフリカは国内格差がまだまだ大きい

経済、社会、暮らし

アフリカ・ファクトフルネス⑧

問1 **ケニアとルワンダの大卒の初任給（月給）は？**

①３５０ドル、２５０ドル
②７００ドル、５００ドル
③１０００ドル、８００ドル

問2 **ケニアとルワンダのブルーカラーの8時間の日当は？**

①３〜５ドル、１〜２ドル
②５〜７ドル、３〜４ドル
③７〜９ドル、５〜６ドル

家庭訪問でわかったアフリカのリアル

ケニア、ルワンダの大卒初任給は、それぞれ約350ドル、約250ドル（2019年推定）。3万7000円から2万7000円。これは、日本では1960年代のレベルということになります。これが日本では1972年に6万円を超え、1990年代に18万円台に到達します。

改めて感じるのは、日本がいかに急激な成長を遂げていき、急速に豊かになったか、です。30年ほどで、大卒初任給は6倍ものスケールになっているのです。もちろん物価の上昇もあります。ただ、残念なのは1990年を境に全く上昇がみられないことです。

日本は30年間ずっと横ばい。まさに日本経済のこの30年間が、どのような状況にあったかを、はっきり示しています。先進国と比べても、米国は同期間で約2倍になっているなど、日本だけが一人負けしている状態です。

アフリカの大きな課題の1つは、貧困をなくし、世界との差をどう埋めていくか、というところにあります。中国やインドを見るまでもなく、経済発展なくして貧困からの脱却はあり得ません。アジア型の、若く安い労働力を活かした産業から成長するというのも1つのモデルです。エチオピアでは、その安い労働力を活かした縫製業が立ち上がりつつあります。

アフリカには、もちろんケニアやルワンダ以上の大卒初任給の国も多くあります。前にも書いたように、アフリカ全体を平均で見ることはとても難しく、意味をなしません。世帯年収で1000万円以上の人もいれば、ほとんど自給自足に近い農村暮らしの人もいます。

実際、エジプトだけを見ても、世帯年収が日本の会社員の平均を超えている人たち（201ページの表のC＋以上）が13％もいます。カイロだけで見れば37％です。

ナイジェリアでは、日本の会社員平均を超えているのは、3％程度。年間世帯収入が30万円以下の人たちが、68％もいる。ケニアも、この層が76％です。しかし、これを都市のラゴスやナイロビで見ると、日本の会社員平均を超えている人たちが1割近くになる。

南アフリカは人口5800万人ほどですが、465万人が白人です（2019年）。この人たちはもう、オーストラリアなどと同じ所得レベルです。残りの約5300万人の所得レベルが大きく落ちるのが、南アフリカの特徴です。

南アフリカはバスコ・ダ・ガマが発見し、その後ポルトガルが約100年、オランダが約100年、イギリスが約200年、統治していました。アパルトヘイト政策が長く続いたのは有名な話ですが、白人とネイティブアフリカンとの格差は今も続いています。

平均ではとてもつかめないのが、アフリカ。そこで私たちは、さまざまな層の家庭に直接訪問をして様子を見させてもらいました。北アフリカのモロッコと、東アフリカのケニアの実際のご家庭を7軒、ご紹介したいと思います。

日本の大卒初任給推移と各国の現大卒初任給（2019年）

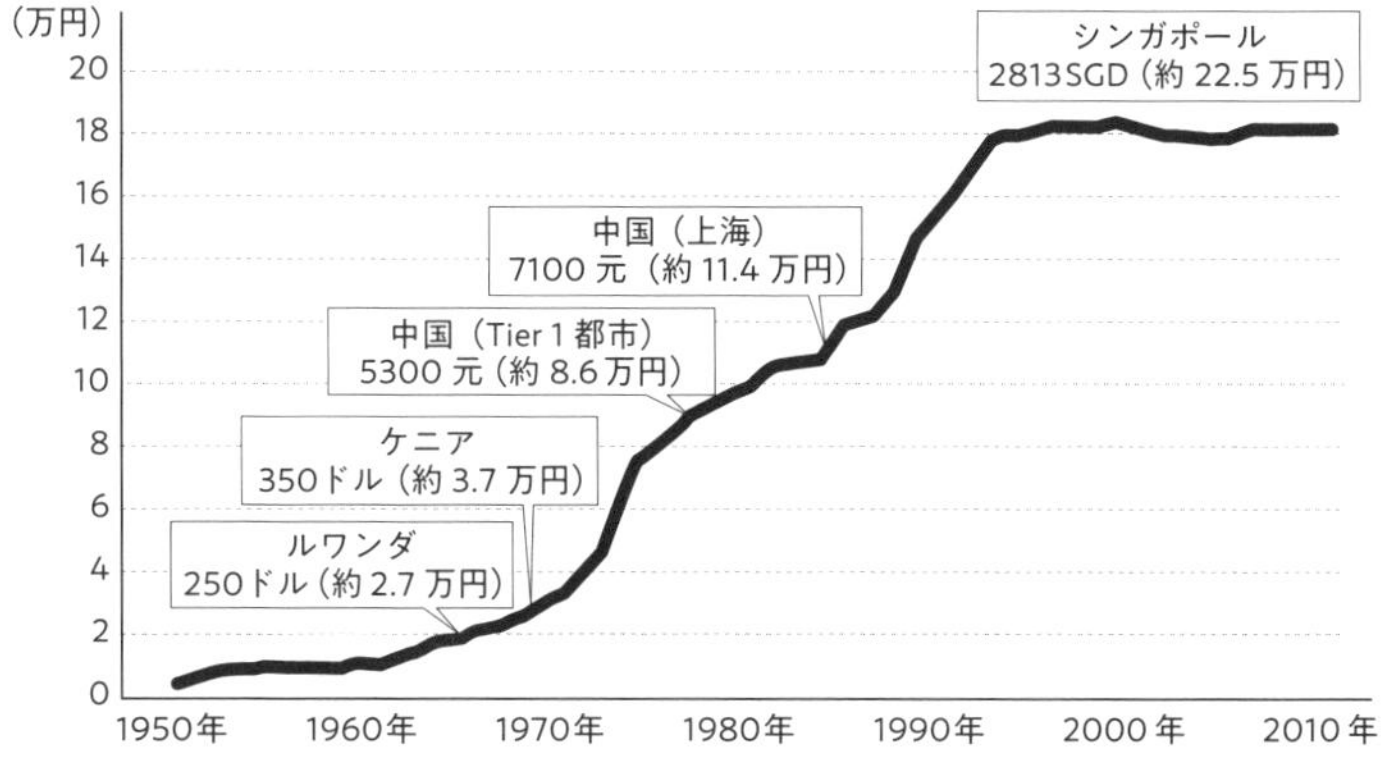

注：アフリカの大学はその国のトップ大学の学部卒業生。
出所：AAIC 作成。

アフリカの生活実態

		エジプト（カイロ）	ナイジェリア（ラゴス）	エチオピア（アディスアベバ）	ケニア（ナイロビ）	南アフリカ（ヨハネスブルグ）	日本（東京）
	人口（2019 年）	1億人	2億人	1億1200万人	5300万人	5800万人	1億2700万人
GDP	一人当たり GDP（ドル）	2,573	2,049	853	1,857	6,397	39,306
世帯収入（国全体）	A/B 85,000 以上	4%	1%	0%	1%	7%	19%
	C+ 35,000~84,999	9%	2%	0%	2%	6%	42%
	C 11,600~34,999	16%	3%	0%	2%	5%	33%
	D+ 6,800~11,599	36%	10%	1%	6%	13%	5%
	D 2,700~6,799	30%	16%	2%	13%	16%	1%
	E 0~2,699	6%	68%	97%	76%	53%	
世帯収入（最大都市）	A/B 85,000 以上	10%	3%	-	5%	8%	-
	C+ 35,000~84,999	27%	6%	-	6%	8%	-
	C 11,600~34,999	36%	10%	-	9%	4%	-
	D+ 6,800~11,599	25%	26%	-	26%	16%	-
	D 2,700~6,799	2%	27%	-	28%	17%	-
	E 0~2,699	0%	29%	-	28%	47%	-

出所：C-GIDD、国連、IMF のデータを基に AAIC 作成。

モデルケース①　モロッコ　Cクラス

モロッコ最大都市カサブランカの中心部で暮らす３人家族。夫は一般企業の事務職、妻は公立病院で看護師として勤める共働きの家庭です。夫の月給は１万ディルハム（約11万円）で、モロッコでは中間層に分類されるレベルです。

マンションの２ＬＤＫの１室を借りていて、家賃は６０００ディルハム（約６万６０００円）ですが、夫の会社負担となっています。リビングは少し狭いですが、３人で暮らすには十分な広さ。キッチンにはオーブン付きの４口フリースタンディングコンロがあり、12kgのガスシリンダー（40ディルハム、約４４０円）をつないで調理しています。さすがにこのレベルになると、木炭や薪を使った調理は卒業しており、ガスを使うのが当たり前です。浴室はユニットバスで、非常に清潔な状態に保たれています。浴槽もありますが、お湯は溜めず、シャワーを浴びるだけ。給湯器は電気を熱源とした瞬間式タイプを使用しています。

モデルケース② モロッコ A／Bハイクラス

こちらも同じくカサブランカですが、富裕層のお宅です。カサブランカ南部の海沿いで、新規住宅開発が著しいエリアに建つ80戸程度のコンパウンド。5人家族が暮らしており、夫の月収である4万ディルハム（約44万円）はモロッコ全体ではトップ6％（C－GIDD、2018年）に入ります。

2015年に55万ドル（約6600万円）で購入した持ち家に住んでいます。70～80㎡はある広々としたリビング、イタリアのZanussi社製の調理家電が揃ったキッチン、3カ所あるバスルームなど、モロッコでは誰もが羨む間取り、クオリティです。給湯器はモロッコでは電気式や、日本のようなガス式の給湯器が一般的で、この家でも元々電気給湯器（フランス製）を使用していたそうですが、ランニングコスト（電気料金）が大きな負担となっていたため、ソーラー給湯器を導入しています。

また、このレベルになるとメイドを雇っており、家事を自分たちでやる家庭が減ってきます。

モデルケース③　モロッコ　D～D＋ロークラス

このレベルになると知り合いの大工さん（経験者）に建ててもらう。収入レベルは不明ですが、モロッコでは低所得者層に分類されるでしょう。女性が3人で暮らしているお宅ですが、内部は至って普通。電気は通っていますし、間取りもリビング、キッチン、寝室、浴室としっかり分かれています。新興国の低所得者層では調理の際、木炭や薪を使用する家庭が多いですが、モロッコではガスの使用が一般的です。しかもテーブルコンロではなく、オーブン付きのコンロ。ホブスと呼ばれる平たいパンを自宅で焼けるようにオーブン付きのコンロが好まれて使用されているようです。

また、冬場に10度以下まで冷えるカサブランカでは、低所得者層でも給湯器が必須アイテムです。この家庭でも貯湯タンク付きの電気給湯器が設置されていました。ちなみに、ガス給湯器ではなく電気給湯器を選んだ理由は、ガス漏れが怖いから。モロッコでは都市ガスではなくプロパンガスが一般的であり、浴室にガスシリンダーを設置することに抵抗がある人も多いようです。

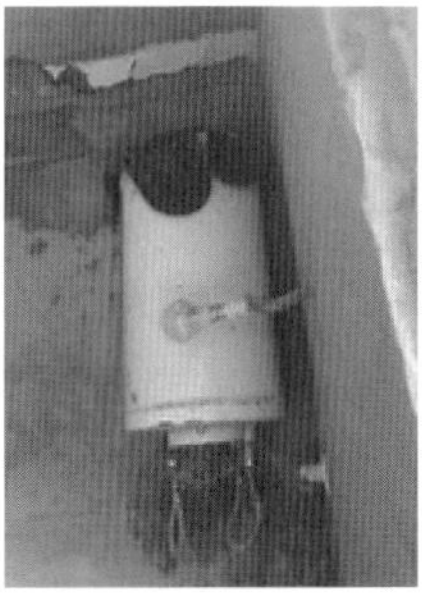

モデルケース④　ケニア　Eクラス

高層ビルやマンションが立ち並ぶナイロビ中心部から車で10～20分も走れば、そこにはアフリカ最大級のスラム、キベラが広がっています。

ナイロビの人口は４３９万人（２０１９年ケニア国家統計局）ですが、キベラには約１００万人が生活していると言われています。道路は未舗装、土壁や石レンガの家々が密集して連なり、水道や電気などの基礎インフラも、ままならない地域です。

こちらの家では60代女性が暮らしており、毎日野菜を売って２００ケニアシリング（約２００円）程度を稼いで生活しています。驚いたのは、この水準でも調理時にガスを使用していることです。まだまだ地方を中心に、木炭や薪の使用は多く、キベラも例外ではないものの、ケニアでは調理用ガスの使用が過去10年で３・１倍（ケニア国家統計局）に増えました。ＬＰＧ革命はキベラにも到達しているのです。

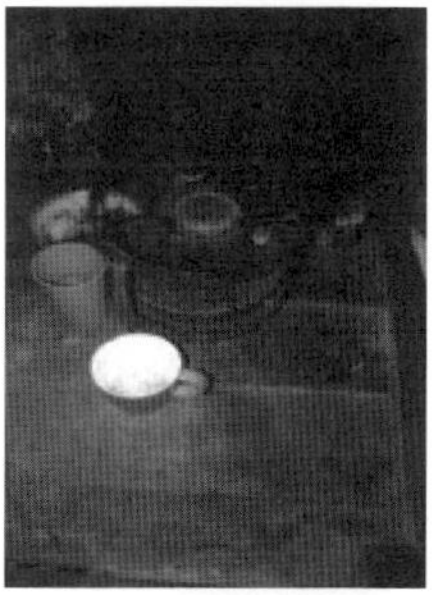

モデルケース⑤　ケニア　Dクラス

キベラの家庭よりは生活水準が上がるこの家庭は、銀行に勤める女性が月収5万ケニアシリング（約5万円）ほどを稼いでいます。5人家族を養う大黒柱です。家賃1万8000ケニアシリングの家は、平屋で石レンガにトタン屋根のシンプルな構造です。キベラの家は土壁だったので少し進化しています。

家の中を覗いてみると、小型ですが液晶テレビがあり、家族揃ってテレビを見るのがお決まりです。キッチンにはガス式のフリースタンディングコンロ。16年前に友人から譲ってもらったコンロを、今でも使い続けています。都市ガスはないので、プロパンガスのシリンダーにつないで使っています。また、浴室はありますが、給湯器はありません。ナイロビの朝晩は冷え込むので、このような家庭ではキッチンでお湯を沸かして浴室で浴びるのが一般的となっています。

モデルケース⑥　ケニア　C＋クラス

またクラスが上がり、家賃も５万ケニアシリング（約５万円）になってきました。このクラスが住むアパートは外観が立派です。実は女性が一人暮らしをしており、３階の１ＬＤＫの部屋を借りています。職業は教会関係で女性の自立支援をしているそうで、なんとAirbnbで部屋を貸していて副収入があります。

調理で使っているのはやはりガス。３年前に４万７０００ケニアシリングで購入した４口のフリースタンディングコンロ（トルコのｂｅｋｏ社製）をプロパンガスにつないで使っています。写真をよく見ると、左奥が電気コンロになっているのがわかると思いますが、これはガスシリンダーが空になったときの代替手段として、電気での調理を可能にするために、このような設計になっています。浴室には浴槽こそありませんが、電気式の給湯器（ブラジル製）が備え付けられており、お湯のシャワーに困ることはありません。

モデルケース⑦　ケニア　A／Bクラス

4階建てのアパートが4棟建っているコンパウンドに住んでいる富裕層の家庭です。借りている部屋は3LDKで、家賃は家具付きで18万ケニアシリング（約18万円）。ナイロビでこのレベルのアパートに住める現地の方は、多くても上位5％のトップ層です。

オール電化になっており、調理は電気式の4口のフリースタンディングコンロ（イタリアのAriston社製）、浴室の給湯器も電気式です。

自家用車も所有しており、週末にカフェに行ったり、スーパーで買い物したりするライフスタイルは、ケニアでは憧れの生活です。

アフリカ各国で家庭訪問してわかったこと

弊社ではアフリカの家庭訪問を累計で100件近く行ってきました。国もケニアやモロッコなど数カ国。お宅を訪問して、リビング、台所とお風呂場を見せてください、とお願いして、もちろんお礼を用意します。家賃はいくらですか？　年収はいくらですか？　なんてことも聞いています。

私もいくつかのご家庭を訪問させてもらいました。まだ収入の低いルワンダの農村では、電気も水道もガスもトイレもないご家庭を訪問しました。土壁で屋根は草葺きです。電気がなくて暗いのですが、家の中はとてもきれいにしていました。入り口の周りには芝生のような植栽もありきれいに手入れしていました。毎年、同じ村を訪問していると変化が見えてきます。

私が訪問を始めたこの7年間で、生活はみるみる変わっていきました。地方の農村部で、最も変わったのは、子供たちが裸足でなくなったことです。今はほぼみんなサンダルを履いています。それまでは子供の半数以上が裸足だったし、中古Tシャツもボロボロでした。それでも、無邪気に明るかった。これが、7年間で裸足の子供はいなくなり、Tシャツもきれいになってきました。

農村部での大人の現金収入は1日150～200円ほど。畑仕事も素足やサンダルです。マカデミアナッツの農園の作業で長靴を支給したら、みなさん生まれて初めて長靴を履いた、と喜んでくれました。もちろん、首都のキガリに来ると、サンダルではなく、ちゃんとした靴をみんな履いています。

また、ルワンダではこの7年間で、電気がどんどん地方の農村部まで引かれています。ブルンジ国境沿いの一番遠くの村でも、細い電線が引かれてきたのは感動しました。

ナイロビでは、ユニークな建築中の建物の光景をよく見かけます。2階が作りかけなのですが、1階にはすでに人が住んでいるのです。工事が止まっているのかと思いきや、作っている最中だという。

アフリカでは、1階に住んで、お金ができたら2階を作ることがよくあるそうです。もっとお金ができたら、3階を作る。自分でDIYのように作っていくのです。地震がほとんどありませんから、こういうことができてしまう。

レンガはセメント製で1個50～100円、日干しレンガで5～10円ほどです。それを自分で買ってきて、積み上げていくのです。考えてみたら、ちょっと前まで人々はこうやって自分の家を作っていたんだな、と改めて思いました。

そしてGDPが1000ドルを超えると、政府が主導で住宅公団などを作り、近代的な公団住宅を作っていく。まさに、エチオピアなど一部の国でこれが始まっています。

ケニアで訪問したのは、最も収入の少ない層の人の家でした。電気は来ていますし、ガスコンロも使っていました。1日の収入は約200円。

共同水道があります。ただし、飲めません。沸かして飲みます。下水はまだ未整備で、流しっぱなしです。新しい建物は浄化槽を設置したり、ようやく規制が入ってきたところです。ちょうど私が子供の頃、昭和40年代の日本のような印象です。

電気がないのは、不幸なのか、どうなのか

家庭訪問をしていると、日本人と変わらない暮らしをしているアフリカ人も大勢います。現地で世帯年収が８００万円を超えたりすると、相当豊かな暮らしになります。一方、世帯年収が１００万円程度でも、暮らしぶりが厳しいのかというと、必ずしもそうでもない。物価水準も低いからです。

農村で暮らす人の中には、電気も水道も来ていないケースがたくさんあります。では、貧しいのかと言われると、暮らしている人たちは何とも思っていない。子供たちは、無邪気に走り回っています。ただ、現金収入が少ないというだけです。自給自足なので困ってはいない。

日本のように住む場所がなくて、インターネットカフェで毎日、朝まで過ごしている、なんて人はいません。そういう貧しさがない。

もちろんスラム街や、内戦で難民として逃れてきた人たちが暮らしているエリアには厳しさはありますが、ＮＧＯやＮＰＯが頑張って支援しています。餓死するということは、基本なくなってきています。

農村はのんびりしていて、誰もガツガツしたりもしていません。なまけているわけでもなくて、みんなどうにか生きようということで、なんらかの仕事をしている。畑仕事をし、薪や水を運んだり、何かを売ったり。

実は一昔前の日本もそうでした。私の祖父（明治38年生）の時代、定職を持っている人は「月給取り」と言われて、稀少な存在。その時代は人口の8割は農村におり、村内でほぼ自給自足の生活。農家の次男以下は丁稚奉公というのは普通だったそうです。

それが、戦後、高度成長期を迎え、子供たちが高校や大学に通うようになり、都市に住むようになっていった。これから、アフリカにもそういう時代が本格的にやってくるでしょう。

ただ、今の生活が不幸なのかといえば、全くそんなことはない。そんな印象です。家庭訪問に行っても、屈託のない笑顔で対応してくれます。この朗らかさもまた、アフリカの特徴かもしれません。

次なる主要都市をチェックしておく

最も収入が低い層（Eクラス、世帯収入年2700ドル未満／年30万円未満）は、エジプトあたりだと6％くらい。ナイジェリアで68％、カメルーンで76％、ウガンダは91％、エチオピアに至っては97％。1億人の人口がありますが、ほとんどの人が農村に住んでいて、農作業をしています。ロバがそのあたりを闊歩している。エジプトとエチオピアを、同じアフリカと捉えることはできないわけですが、これは農村と都市との格差についても言えます。

ナイジェリアも国全体ではE層が68％と多いですが、最大都市のラゴスだと、E層は29％になります。世帯年収で日本の会社員平均レベル以上（C＋以上）になるのが、ラゴスで約9％。人口は

次なる主要都市

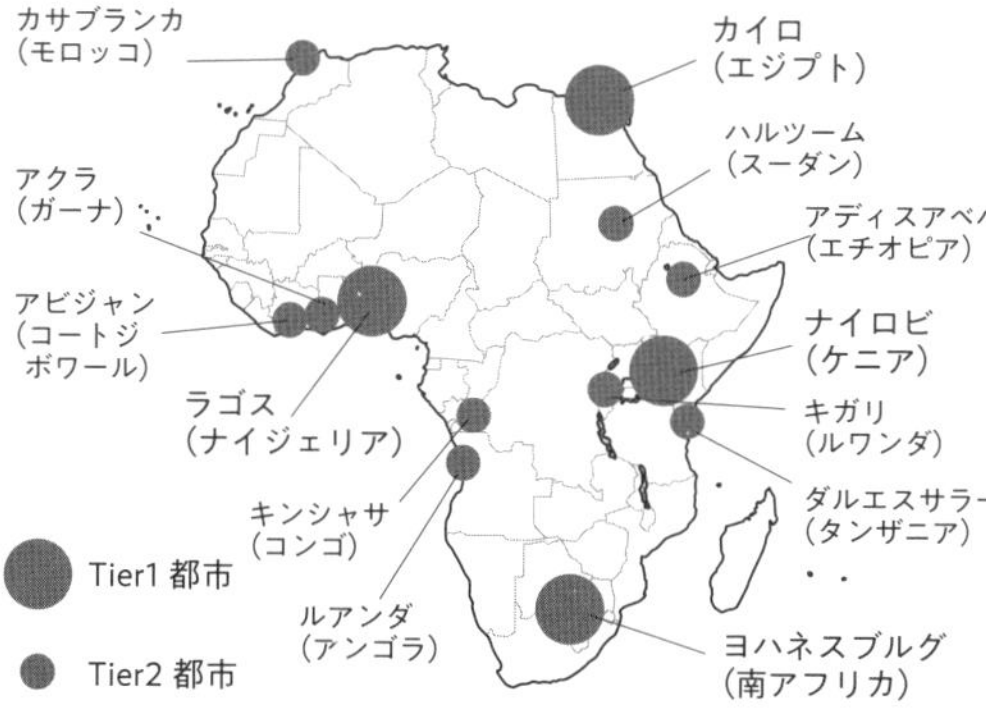

出所：AAIC作成。

2000万人ですから、200万人ほどが日本人と同じ世帯収入を持っていることになります。

エジプトのカイロに行くと、この層（C+以上）はさらに増えて37%にもなります。ナイロビで11%、南アフリカのヨハネスブルグで16%、モロッコのカサブランカでも16%です。

日本人と同等か、それ以上の購買力を持つ層が、これだけいるのです。この層は、車は持っていますし、現地の物価水準を考えれば、日本人よりもはるかに豊かな暮らしをしています。

過去、中国が急成長をしているとき、Tier1都市からTier2都市にビジネス展開していくという戦略がよく言われました。上海、北京、深圳を攻めたら、次は広州、天津、重慶、成都などに向かう。Tier2都市だけでも今は30あります。

インドも同じです。インドはデリー、ムンバイに展開したら、次はハイデラバード、チェンナイ、コルカタの5つの地域が拠点になる。デリーは政治の都市ですし、ムンバイは商業都市としてナンバーワンで大きい。ハイデラバードやベンガルールはITが伸びていますし、チェンナイは、南の中心都市で日産などが工場を出しています。

これがアフリカになると、人口も大きく、一人当たりGDPも高く、地域のビジネスの拠点になっているTier1都市は、カイロ、ラゴス、ヨハネスブルグ、ナイロビの4都市。次のTier2都市としては、東でアジスアベバ（エチオピア）、ダルエスサラーム（タンザニア）、キガリ（ルワンダ）。西だとアクラ（ガーナ）、アビジャン（コートジボワール）、北でカサブランカ（モロッコ）、ハルツーム（スーダン）、中央のルアンダ（アンゴラ）、キンシャサ（コンゴ民主共和国）になるでしょう。

各都市とも特徴があり、大きなポテンシャルがあります。次なる主要都市もしっかりチェックしておくことも重要だと思います。

ルワンダの首都キガリでの豊かな暮らしとは

農園とナッツ加工工場を運営している私たちの会社「ルワンダ・ナッツ・カンパニー」のオフィスは、ルワンダの首都・キガリにあります。

とても美しい街です。官庁や銀行、ホテルなども建ち並ぶ首都の中心部には、5つ星ホテルのマリオットやセレナがあり、近代的なショッピングモールもできています。バイクタクシーがたくさん並んでいるのは、いつもの光景です。

ルワンダ・ナッツには日本人も駐在しています。みんな家族で赴任していて、3家族、子供もいれて総勢11人。よく驚かれるのですが、社長は日本人の女性です。原田桃子。リクルートの出身。新婚早々だったのですが、単身で赴任し、その後パートナーも移住。現地で2人の子供を出産しました。

もう一人の男性は、京都大学アメリカンフットボール部出身で元大手商社マンのCOOです。その後、結婚し、パートナーも現地で仕事をされています。子供も1人います。

もう一人は慶應義塾大学卒の公認会計士のCFOです。パートナーがもともと海外青年協力隊で、アフリカに赴任していたこともあり、その影響で彼もアフリカにやってきました。アフリカ唯一の日本人公認会計士だそうです。彼も子供が2人です。

社長の原田は、学生時代に一度アフリカに来たことがあり、とても気に入ったのだそうです。現地での出産のときは、いろいろと心配しましたが、「アフリカ人も産んでいますので」という返答でした。その通りではあります。

ちなみに、彼女はフランスに留学経験があり、フランス語も堪能で、年配の現地の方とはフランス語で会話をしております。ルワンダは元ベルギー領で2008年まではフランス語が公用語でした。アフリカに来たら、子供の学校の心配をする人もいますが、実はルワンダには世界中から大使館や国際機関、NGOやNPOの職員がやってきているため、彼らの子供向けの学校があるのです。だから、特に低学年の教育はレベルが高いそうです。

治安も心配かもしれませんが、ルワンダはアフリカの中では安全です。夜も女性が出歩いても大丈夫なレベルです。

原田は「子育てはキガリのほうがしやすい」とも言っています。何しろ物価が安い。そして、住み込みのメイドを雇っても1人月5000円程度（2016年当時）なのです。家事から、育児、学校への送迎もやってくれます。２人雇っているそうですが、計月１万円程度です。

この魅力に気づき、リクルートの後輩でシングルマザーになった女性に、ルワンダに来ることを勧めたそうです。この話は後に詳しく書きますが、ルワンダに独力でレストランを開いて、彼女は大成功することになります。

腐敗の程度は国によってまちまち

途上国に行くと、だまされるのではないか、賄賂を求められるのではないか、と考える人もいます。簡単な例では、タクシーでボられてしまう、と。

しかし、今はＵｂｅｒ（ライドシェアの大手）が出てきたおかげで、これが完全に、と言っていいほどになくなりました。これは大変化です。Ｕｂｅｒは多くのアフリカの国で利用できますので、これを使えば安心です。私たちも、現地での足はほぼＵｂｅｒです。

事前登録のクレジットカード決済なので、その場で現金を渡す必要もなく、おつりをごまかされる心配もない。グーグルマップでルートもわかりますし、走行記録がデータに残りますから、迂回などのトラブルは格段に減少しました。新興国を移動するとき、最も変わったのは、このＵｂｅｒの存在かもしれません。

汚職は、腐敗認識指数が低い国には、相応に残っているようです。アフリカ諸国は総じて指数が低い国が多いのも事実です。いろいろな審査がなかなか進まない、なんてことも多々聞きます。

一部の空港でも「チップ」を渡さないと、荷物を開けろ、などと言われて、いつまでも通してくれなかったりするケースもあるようです。

しかし、近年（2020年時点）は本当にこういうことが減ってきたと実感しています。7、8年前は多くの空港で「荷物を開けろ」「これは何だ」とよく言われました。この2年くらいでほぼ何も言われなくなりました。

ただ、一部の国の空港では、毎回10ドルぐらいお金を渡さないと通過できないところもまだあるようです。これが慣例になってしまっているようです。

腐敗認識指数が低い国では、ビジネスの取引でも、汚職の慣習があることが多いようです。原則として日本企業は一切対応しないことを勧めています。一度対応すると際限がないからです。各国とも汚職防止／コンプライアンスの向上に努めていますので、対応すべきではありません。

他にも、現地で車を運転していると、警察官が些細なことでからんできて、署に来るか、などと言ってくる国もあります。これは、東南アジアでも同じことがよく起きますが、できる限り注意をして、これを避けるように対策するしかありません。

ルワンダなどは、腐敗指数がアフリカの中でもトップレベルに良く、最もクリーンな国だと感じています。私は一度も変な経験をしたことはありません。国のトップがクリーンだと、みんながクリーンになるのかもしれません。

日本人の渡航については、南アフリカはビザ不要。エジプトは観光ならばアライバルビザが可能。ルワンダとケニアなどは事前の電子申請ビザです。ビザの事前取得が必要な国が多いですが、取得は比較的容易です。

在アフリカ日本大使館は54カ所あります（2020年時点）。一部、隣国と兼務している国もありますが、54カ国のすべてと国交があります。

ナイジェリアで始まった大交通渋滞

前述しましたが、一人当たりGDPが1000ドルを超え、ここから3000ドルくらいまでの間にできてくるものに、公団住宅と高速道路があります。

日本だと、1000ドル超えが1966年頃、3000ドル超えが1972年頃です。多摩ニュータウンや千里ニュータウンの開発が1960年代末から70年代。首都高速道路の開通が1962年、東名高速道路は1968年、中央自動車道も八王子までの開通が1967年、全線開通は1982年。

ちょうどエチオピアのアジスアベバでは、公団住宅が大量に建設されています。巨大な工業団地もあります。中国が作った「東方工業園」。2008年開業、1期233ha（東京ドーム48個分）、累積投資3億ドルだそうです。アディスアベバの郊外の幹線道路沿いに、漢字で看板がでている大工業団地です。1期分はほぼすべて埋まっているそうです。

エチオピアでは高速道路も完成していて、これが標高2700mの高地を走る。開通時に行ったときはガラガラでしたが、極めて快適な高速道路でした。

そして一人当たりGDPが3000ドルを超えると、決まって大渋滞が発生します。これは、都市インフラの整備が進むより早く、車がどんどん増えてしまうからです。

ラゴスの交通渋滞

1990年代は、タイのバンコクの大渋滞が世界的に有名でした。インフラができていないのに車が増え過ぎて、対応ができなくなってしまったのです。しかし、これも、10年単位の時間をかけて解消していきます。バンコクも地下鉄、BTS（Bangkok Mass Transit System）、環状道路、高速道路が整備され、以前よりは渋滞は解消されています。

実は日本もかつてはそうだったのです。1960年代初頭は、都心から羽田空港に行くのに3時間かかったと言われています。今は高速で20分。昔は国道1号線のあちこちに電車の踏み切りもあり、渋滞もありで、前に進めなかったのです。

それで東京オリンピック（1964年）のとき、慌てて作ったのが首都高速です。インフラ整備が車の増加に間に合わなかったところに、オリンピックに向けて頑張って整備したのです。

インドネシアのジャカルタも渋滞のメッカですが、今、地下鉄が2本できて、今後その緩和が期待されています。現在、アフリカで渋滞がとんでもなくひどくなってきているのは、ナイジェリアのラゴスや、ケニアのナイロビです。

ナイロビも、ここ5年で、高速道路、バイパスが整備されてきました。モンバサロードという幹線道路の立体化や、高架高速道路化などの計画も出てきています。これらの工事の大半は、中国企業が落札して施工しています。日本も一部主要道路の拡幅工事を、ODA予算を使って実施しています。しかし、その規模は、中国とは比較にならないほど小さいものです。

2025年以降、日本国内のインフラ投資は減少が予測されています。未来を見据えたときには、アフリカへのインフラ投資も意識したほうがいいと思います。

今後、アフリカのほとんどの都市で、大渋滞が起きます。すでに一部では起きています。その対策を、どの国も求め始めています。都市化へのインフラ整備のニーズも、とても大きいのです。

COLUMN

次なる都市はどこか？

本文中にも書きましたが、現在のアフリカの Tier1 都市は、カイロ、ナイロビ、ラゴス、ヨハネスブルグの4都市です。いずれも地域最大GDPの国の最大都市であり、地域経済の中心です。

次に来るTier2都市についてみていきたいと思います。

東アフリカだと、アディスアベバ（エチオピア）です。アフリカで2番目に多い1億人の人口の国の首都です。標高2300mの高地にあるため、非常に涼しい気候です。公団住宅の建設ラッシュや、高速道路に高速鉄道、都市のBTS環状線ができています。エチオピアの最大の注目点は、アジア型の経済発展モデルです。現在、トルコや中国、韓国から数百社の縫製工場が進出してきています。安価で豊富な人材を活かし、軽工業の輸出モデルで経済を発展させようとしています。その行く末が注目されます。他にも花卉の輸出でもアフリカ第2位で、バラなどを欧州に毎日出荷しています。

次はダルエスサラーム（タンザニア）です。タンザニアは人口5800万人でケニアよりも多く、天然資源も豊富で、土地も肥沃で恵まれた国です。キリマンジャロやセレンゲティ国立公園などの世界有数の観光資源も持っています。ナイロビに比べると、まだのんびりした感じがする都市ですが、政治のリーダーシップ次第で、今後のポテンシャルは大きいと思います。

東でもう1つはキガリ（ルワンダ）です。人口約1200万人の内陸国ですが、現在のカガメ大統領のもと、急速に経済発展を続けています。気候もよく、治安もいいので、外国人も多く駐在しています。アフリカの内陸の中心にあるので、その地域のハブになれれば大きな可能性があります。「実験国家」「アフリカのシンガポールを目指す」など、明確な方針があり、汚職も少なく、意思決定も速いため、実証事業をやるのには最適かと思います。

西アフリカだとアクラ（ガーナ）が人気です。英語が通じる、治安がいい、ということでJICAを含め、日本企業も西の拠点として職員を多数置いています。政府もバランスがとれており、トップのリーダーシップ次第では、今後期待できる都市かと思います。

アビジャン（コートジボワール）も魅力です。もともと西アフリカのフランス植民地の本部があった都市で、フランス風のきれいな街並みが特徴です。内戦で停滞していましたが、現在は平穏を取り戻し、これからが期待される都市です。アフリカ開発銀行の本部もアビジャンにあります。

北ではカサブランカ（モロッコ）です。アフリカというより、欧州のリゾートという側面もあります。ショッピングモールや高級ブティック、高級レストランも多数あり先進国と変わらない生活もあります。

北のダークホースは、ハルツーム（スーダン）です。人口4200万人の国で、エジプトとイギリスの共同統治が続いていた国です。南スーダンの独立や、内戦が続いていましたが、2019年には暫定的な統治機構が合意され、新たな国づくりを目指しています。2020年12月には米国のテロ支援国家リストから除外され、欧米企業が殺到しそうな雰囲気を感じています。もともとは、白ナイルと青ナイルが合流する肥沃な土地にあり、レベルの高い大学や、しっかりした民間企業も多数あり、今後が期待されます。

中央アフリカ地域では、ルアンダ（アンゴラ）が非常に発展しています。石油が大量に出るため、中国が莫大な投資をしています。一人当たりGDPも高く、病院などのレベルも高いです。ポルトガルの植民地であったため、ポルトガル語が公用語です。地理的にも言語的にも近いため、ブラジルとの交流も盛んです。

最後の都市はキンシャサ（コンゴ民主共和国）です。政治も不安定で、汚職指数もひどく、治安も悪いことで有名ですが、人口8700万人、中期的には2億人にもなるといわれている大国です。国の大半がジャングルですが、天然資源も豊富で、優れたリーダーが出てくれば、そのポテンシャルは大きいと思われます。日本企業にとって難易度が高い国であることは間違いありません。

これらの都市が発展できるかどうかは、政治のリーダーシップ1つにかかっていると思います。私腹ではなく国を思って、しっかりやるリーダーが出てくるかどうかだと思います。それを占うためにも、現地に行って、その熱気を感じてみていただければと思います。

アフリカ・ファクトフルネス⑧の答え

問1 **ケニアとルワンダの大卒の初任給（月給）は？**

①350ドル、250ドル

問2 **ケニアとルワンダのブルーカラーの8時間の日当は？**

①3〜5ドル、1〜2ドル

第9章

アフリカは驚くような巨大開発を行っている

インフラ開発

アフリカ・ファクトフルネス⑨

問1 **ナイジェリア最大級の企業グループが手がける開発プロジェクトの規模は？**

① 豊洲ららぽ〜とのサイズの土地を埋め立て創出（約6・7ha）
② 東京ディズニーリゾートのサイズの土地を埋め立てて創出（約49ha）
③ 東京都千代田区のサイズの土地を埋め立てて創出（約1000ha）

問2 **アフリカ初の高速鉄道「ナイロビ新幹線」のナイロビ - モンバサ間の距離は？**

① 180km（東京 - 静岡相当）
② 340km（東京 - 名古屋相当）
③ 470km（東京 - 京都相当）

西アフリカにドバイを造るという壮大な計画

今、アフリカ各地で、大きな開発が次々に計画され、一部は実行されています。その筆頭格といえるのがラゴスの「Eko Atlantic」。ナイジェリアの大財閥グループ「Chagoury」グループによる「西アフリカにドバイを造る」プロジェクトです。

約2000億円をかけて、1000haの埋立地を作り、千代田区と同じ広さの土地を創出。そこに住宅の他、ホテル・商業施設・オフィス棟を兼ね備えた街を作り出します。住宅は25万人が居住できる規模の施設も建設予定です。

何よりの注目は、この1000haの埋立地が、東京でいえば、大手町や銀座のすぐ隣に作られた、ということです。ナイジェリアの首都ラゴス、2000万人都市の中心地のすぐ近く、最高級エリアに隣接して創出された埋立地なのです。

遠浅で埋め立てに絶好の場所が、都市部のすぐそばにあった、ということ。東京も江戸時代に、東京湾を埋め立てて築地などを拡大していったのですが、それを今、ラゴスがやっているのです。

西アフリカは先にも書きましたが、ナイジェリアを中心に5、6億人が暮らすアフリカで最もポテンシャルのある地域のひとつ。しかし、ビジネスとしての核となる場所・都市がありませんでした。それを埋立地によって創出しようとしているのです。

Eko Atlantic の完成予想図

フリーゾーン指定地区なので、基本的に無税、無関税です。ゲートシティで治安を担保し、専用の発電所を完備します。ラゴス名物の雨季での道路冠水も、大規模な排水設備により対応しています。

約12年かけて第1期の埋め立ては完了しています。その技術を提供したのは、デンマークの企業。１０００年に一度の20m級の津波が来ても大丈夫、という触れ込みです。大変残念なことに、日本企業は全く関わりを持っていないようです。

民間のChagouryグループが中心となり、ナイジェリア政府、ラゴス州、ヨーロッパ企業、さらにはレバノン政府が支援して推進しているようです。Chagouryグループは創業者一族がレバノン人です。西アフリカはフランスとの関係が強く、同じフランス植民地だったレバノンと深くつながっていることも背景にあります。

ファイナンスでは、ＢＮＰパリバやアクセスバンク、ファースト・バンクなどの、フランスやナイジェリアの大手銀行が参画しています。あくまで民間の財閥グループによるプロジェクトです。

プロジェクトの式典には世界のＶＩＰが招かれていました。グループの総帥やナイジェリア大統領はもちろん、ビル・クリントン元米国大統領の姿もありました。

埋め立てに10年以上かかりましたが、今後は10年ほどかけて、建築物も増えていくと思われます。間違いなく西アフリカの一大拠点になる。せっかくアフリカにも拠点を置いていますので、私たちも参画できないか検討しています。10〜20年と経てば、アフリカのドバイになる可能性は高いと思っています。

２０１７年に開通したアフリカの高速鉄道

先にも少し紹介しましたが、ケニアでは「ナイロビ新幹線」と呼ばれる高速鉄道（Nairobi Standard Gauge Railway）が、２０１７年5月に開通しました。まずは、首都ナイロビからモンバサまでの約４７０㎞。これは、東京から京都までの距離（約５００㎞）とほぼ同じです。

中国の「一帯一路」の一環として、中国の技術と資金（約8割が中国の支援）で出来上がった高速鉄道です。5年間、中国人が指導を行って、ケニア側に引き渡されることになっています。

しかし、ナイロビ新幹線はこれで終わりではありません。すでに開通しているジブチ－アディスアベバ間をはじめ、エチオピアやウガンダ、ルワンダ、南スーダン、コンゴなど、東アフリカが広く結ばれる計画になっているのです。背景にあるのが、中国の一帯一路構想。そこに、この高速鉄道も深く組み込まれているのです。

そしてここには、さまざまなアフリカの事情もからんでいます。例えばエチオピアは、ジブチやエリトリアが独立したことにより、現在、海に面していません。首都は内陸地にあります。

よって、海の玄関であるジブチからタンザニア最大の都市ダルエスサラームまで、高速鉄道と高速

ナイロビ新幹線（Nairobi SGR）

今後の路線計画

出所：Kenya Railways、Ethioplan Railway Commission、Transit Transport、BBC の情報を基に AAIC 作成。

道路を造ることは、グローバル経済につながるために、非常に重要なのです。

今後、路線が拡大していけば、ウガンダの首都カンパラ、ルワンダの首都キガリ、ブルンジの首都ブジュンブラという、東アフリカ主要国の首都を結ぶ大動脈が誕生することになります。

いずれは、ここからアフリカ大陸を横断し、大西洋までつないでいくという構想もあります。

こうして見てみると、ルワンダはまさに東アフリカの内陸の中心で、内陸のハブになれる位置にあります。

高速鉄道はもちろん、人々の移動を便利にするわけですが、実際にはメインは貨物。アフリカ域内の物流コストの低減・高速化によって、大きなインパクトをもたらします。以前、東アフリカに鉄道を引いたのは、１８９０年代のイギリスでした。

これ以来の新しい路線が、ナイロビ新幹線であり、これから始まる路線計画なのです。それだけにアフリカにとっては、とても大きな意味を持っています。

中国の一帯一路構想でアフリカが広く結ばれる

中国の海外への投資がいかに凄まじいか。海外投資は毎年のように増え続けていき、２０１７年時点で２６５３億ドル（新規契約額）、日本円で約30兆円にものぼります。

実は日本の年間のインフラ投資規模は約28兆円です。日本のインフラと同じくらいの規模を毎年、

海外へのインフラ投資を加速する中国

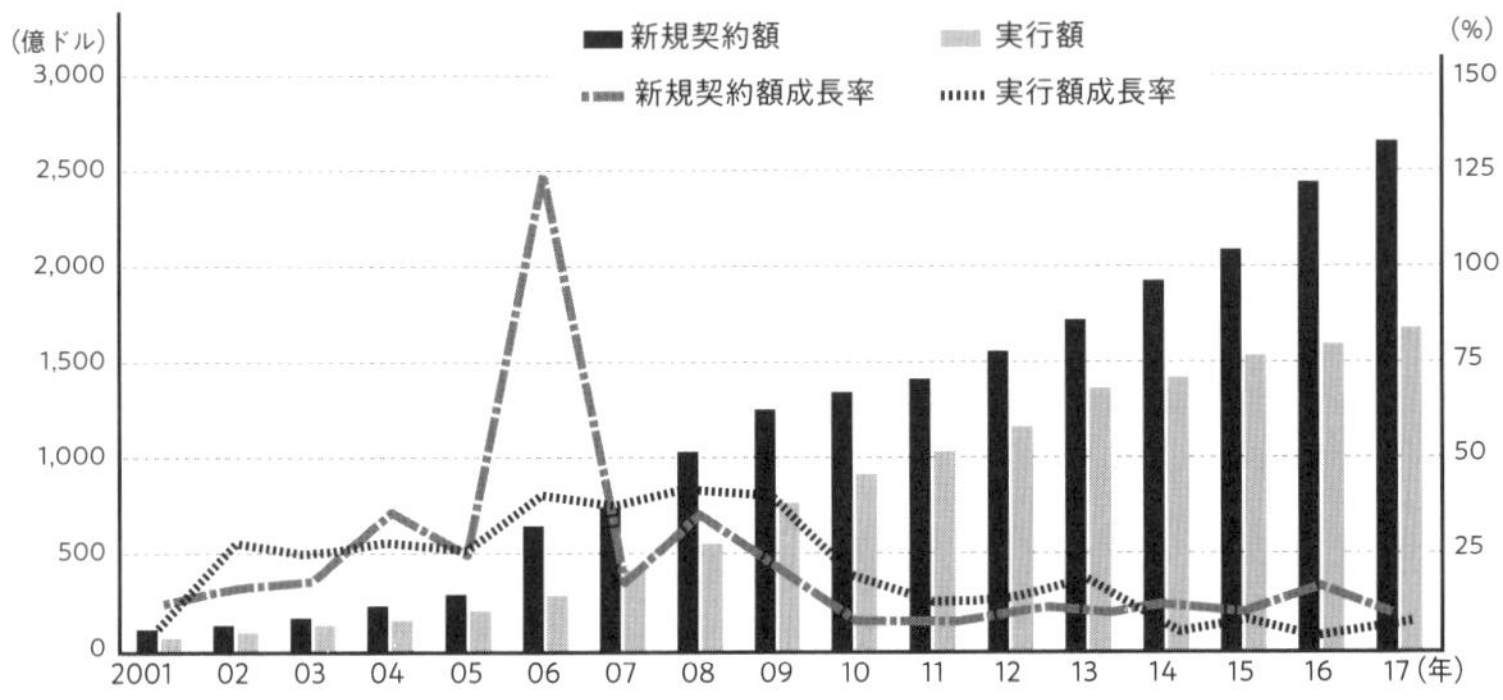

出所：中国商務部のデータを基に AAIC 作成。

世界にばらまいているということです。

ちなみに中国国内のインフラ投資は約120兆円規模。建築市場規模は約80兆円です。これは米国の約79兆円と同規模になっています。

そんな中でも、中国がアフリカにどのくらい力を入れているかがよくわかるのは、アフリカが最大の投資先になっていることです。

一帯一路での全世界への投資のうち、アフリカには約8兆円、実に29％も投資している。これは、東南アジアへの27％よりも多く最大です。以下、南アジアに10％、中東に10％、東アジアに5％などと続きます。

そしてアフリカへの投資の内訳を見てみると、最大の投資先はナイジェリアで約1兆2000億円、4・3％。継いで、ケニア、アンゴラ、エチオピア、アルジェリア、ザンビア、ガーナと続いていきます。これは「一帯一路」構想の一環で進められています。

それにしても8兆円もの投資が1年で行われる。そうなる

中国の海外投資（一帯一路関連）先の比率（2017年）

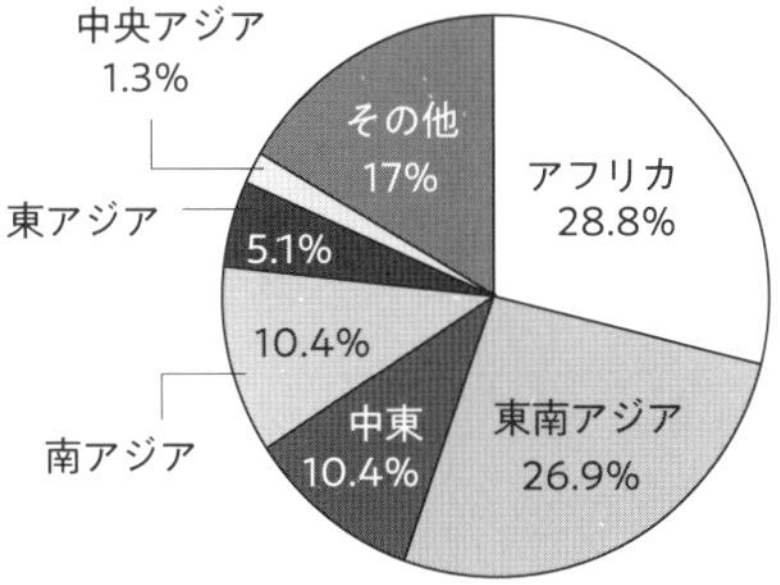

総額2653億ドル（約30兆円）

出所：中国商務部のデータを基にAAIC作成。

と、中国にどんどん「借り」を作ることになります。最近になって言われてきた「債務の罠」です。すでにGDP当たり100%近くまで借りてしまっている国も少なくありません。

東南アジアではカンボジアやラオス、中央アジアではキルギスタンやカザフスタン。こうなると、中国の言うことを聞かざるを得なくなるでしょう。アフリカでは、アンゴラ、ニジェールなど資源国が多い。

アフリカが世界から借りているお金は全部で約80兆円になるのですが、このうち約21兆円を中国から借りているようです。

このままでは返せなくなり、先にも触れた契約で長期租借などを実施されてしまうのではないか、というのが多くの国が不安視しているところです。

実際、スリランカは港湾でそれが現実化しました。アフリカでもジブチが危ないと言われています。中国は港湾を押さえたいようです。インド洋、さらには大西洋に出る際の中継基地を持つことは、安全保障上、大きな意味を持つからです。

経済モデルを世界に輸出しようとしている中国

先にも書きましたが、中国のアフリカへの積極投資の背景には、資源を押さえることと、国際世論の味方を集めることがあります。そしてもうひとつ、「中国の夢」ともいうべき願望を果たすためでもあるようです。

アヘン戦争から約180年。中国には屈辱の歴史がある。再び「中国の時代」を取り戻すべく、世界に踏み出しています。世界の覇権を握るためには、海の覇権を握ることが重要であることを歴史は教えてくれます。一帯一路には港湾などの海洋進出も入っています。

最近では、中国型の国家モデルのほうが欧米よりも優れているということも主張し始めています。「IT型全体国家主義」ともいうべき新たな国家モデルを世界にアピールしているようにも見えます。

中国は、この30年で一気に経済大国になりました。バブル崩壊、失われた20年でもたもたしている日本を一気に抜き去ると、今や中国は日本のGDPの約3倍の規模を持つ、世界第2位の経済大国になりました。2028年頃には米国も抜いて世界第1位になると予測されています。

この成功の要因には、中国型の経済発展モデルがあるのは事実だと思います。全体国家主義型の経済発展モデルです。民主的にバラバラにやってもうまくいかない。新興国が発展するにはこのモデルのほうが優れている。アフリカでも同様にやれば発展することが可能だと。それは1つの発展モデルとしてあり得ると思います。

さらに、今回の新型コロナ対策において、欧米よりも、自分たちのモデルのほうがうまく機能している。約3000万人が感染して、約50万人が亡くなった（2021年2月時点）米国のようになっていない。大統領選での議事堂乱入や、人種問題での暴動など、中国内では起きていない。自分たちのモデルのほうが優れているのではないか、というわけです。中国モデルのほうが優れている、と。

実は若い中国人も、最近そう思っている人が多くなってきているように感じます。香港問題についても、大陸の若い中国人はとても冷淡です。もともと中国の領土だし、勝手なことを言っていると。ただし、政府のことも心から信頼しているわけではないようで、お金はできるだけ外に逃がしたい。

ここ30年間の発展、世界第2位になった経済成長、豊かになった生活、これらは賞賛すべきであり、素晴らしいと思います。日本の発展もそうですが、中国の発展もしっかり研究して、その良いところはアフリカの発展に応用すべきだと思います。

また、中国の夢、中華民族の復興については、中国人は誰も信じて疑いません。5000年の歴史があり、たまたまこの200年間は西欧に出遅れたけれど、中国はここからだ、と普通に思っている。だから、中華人民共和国設立から100年の2049年に、実力でも米国を抜いて世界一になろうというメッセージは中国人の心に響くのです。この中国のプライドは、今後、ますます強くなっていくと思っています。

COLUMN

アフリカ版EU構想「アフリカ連合（AU）」

アフリカの国々が、アフリカ全体で団結していこう、という取り組みが近年進んでいます。その象徴ともいえるのが、アフリカ連合（AU）。アフリカ55の国・地域が加盟する世界最大級の地域機関です。

外務省のウェブサイトを見ると、アフリカの一層高度な政治的・経済的統合の実現と、紛争の予防・解決に向けた取り組み強化のために、2002年7月に発足した、と書かれています。

興味深いのは、かつては北アフリカの国々は、アフリカというより中東というアイデンティティを持っていました。言葉も宗教も民族も近く、アラブの力も強かったのです。ところが、最近はアフリカの一員である、という空気も強くなってきているように感じます。北アフリカの国々も、もちろんすべてAUに加盟しています。

これとは別に、アフリカには地域連合もあります。ECOWAS（西アフリカ諸国経済共同体）は、主に西アフリカの15カ国・地域の連合体。EAC（東アフリカ共同体）は東の6カ国。SADC（南部アフリカ開発共同体）は南部アフリカ16カ国。いずれもヒト・モノ・カネの移動を自由にしていこうという経済共同体です。現在、各共同体内でのヒトの移動は、ほぼ実現できています。

よって、ケニアの人たちは、ビザなしでタンザニアに行くことができます。また、自国以外の域内で、働くこともできるようになりました。関税も、中長期的にはなくしていく方針です。

そして画期的だったのは、アフリカ大陸自由貿易協定（ＡｆＣＦＴＡ）です。中期的には関税をアフリカ全体でなくしましょう、という考えです。２０２１年１月に運用が開始されました。ただし、関税ゼロの実現にはステップがあり、まだまだ時間はかかりそうですが、大きな一歩かと思います。ＥＵのような通貨統合はまだずっと先だと思いますが、ヒトやモノの移動については、アフリカ内で１つの経済単位にしようという考え方では、すでにまとまっているのです。

中国やインドは、１つの国としてまとまっているから強いわけです。しかし、アフリカのように１つひとつバラバラだと経済単位としては小さい。それを認識し始めているということだと思います。

ちなみにＡＵの本部ビルはエチオピアにありますが、これは中国が全額負担（総工費約２億ドル）して２０１２年に完成しました。こんなところにも、中国はしっかり顔を出しています。

アフリカ・ファクトフルネス⑨の答え

問1 **ナイジェリア最大級の企業グループが手がける開発プロジェクトの規模は？**

③ 東京都千代田区のサイズの土地を埋め立て創出（約1000ha）

問2 **アフリカ初の高速鉄道「ナイロビ新幹線」のナイロビ - モンバサ間の距離は？**

③ 470km（東京 - 京都相当）

第10章

アフリカは
4つの進出パターンで勝負する

アフリカ進出成功のヒント

アフリカ・ファクトフルネス⑩

問1 ナイジェリアで大人気の「味の素」の小分け一袋の値段は？

① 3～5円
② 10～20円
③ 40～50円

問2 アフリカに進出している日本企業の数は？

① 150～250社
② 450～550社
③ 1000～1100社

新たなビジネスモデルの発展と実証の場

アフリカ大陸が、いかにこれからの大きなビジネスチャンスに溢れている土地なのか、すでに多くの方がお気付きだと思います。では、日本企業はどのようにアフリカとのつながりをこれから作っていくべきなのか。

まず、アフリカへの進出のパターンは大きく４つあると思っています。

１つ目は、資源や一次産品などの獲得の場として進出することです。

アフリカの広大な大地には天然資源や一次産品がたくさんあります。すでに、コーヒー・紅茶、タコやゴマ、マグロなどの食品、さらには金・ダイヤモンド、石油、レアメタルなど、多くが日本に輸入されています。２０１９年の輸入で年間約８４００億円規模です。これからもますます拡大していくでしょう。

２つ目が、将来の有望市場として進出することです。

自動車やバイクなどの耐久消費財、食品や化粧品などの消費財、ヘルスケアやＩＴやベンチャーサービス、インフラなども有力分野でしょう。最終的に13億人の人口が20億〜30億人にもなると予測されている地域です。時間はかかると思いますが、中期的には有望な市場としてとらえられると思います。また、地熱発電などの再生エネルギーも有望です。ケニアには日本の商社やメーカーの尽力で、

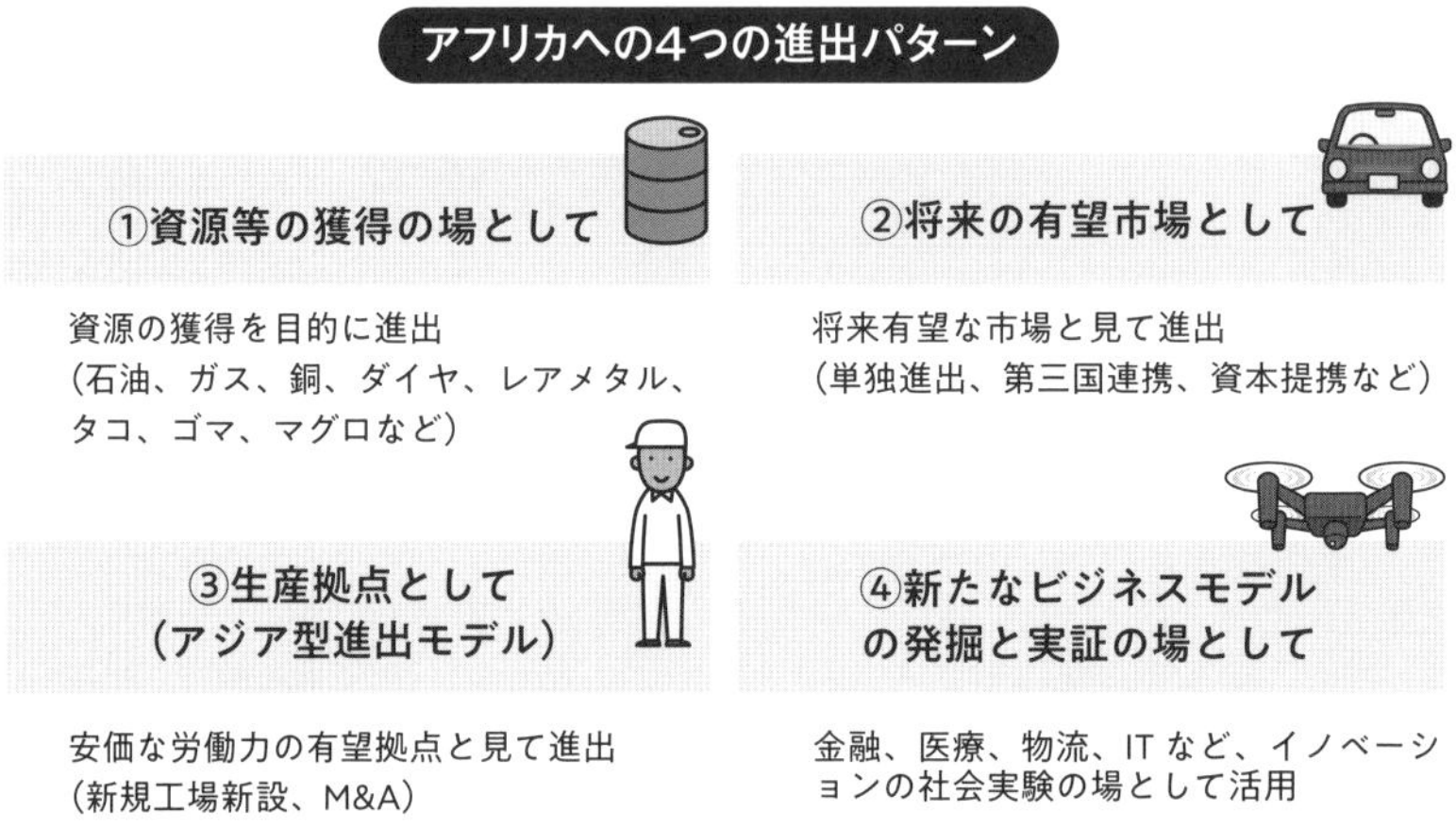
アフリカへの4つの進出パターン
①資源等の獲得の場として
資源の獲得を目的に進出
（石油、ガス、銅、ダイヤ、レアメタル、タコ、ゴマ、マグロなど）
②将来の有望市場として
将来有望な市場と見て進出
（単独進出、第三国連携、資本提携など）
③生産拠点として（アジア型進出モデル）
安価な労働力の有望拠点と見て進出
（新規工場新設、M&A）
④新たなビジネスモデルの発掘と実証の場として
金融、医療、物流、IT など、イノベーションの社会実験の場として活用

出所：経済同友会の情報を基に AAIC 作成。

大きな地熱発電所があり、ケニア全体の３割強を地熱発電で賄うようになってきています。

　３つ目が、生産拠点としての進出。これはアジア型進出モデルと呼んでいいでしょう。アフリカを、アジアなどの次の有望な生産拠点と見て進出する。

　昔の日本は、１９８０年代の急激な円高以降、中国にこのモデル、輸出工場としてまず進出しました。一般の人件費は安く、人も多い。教育などが課題ですが、アフリカでも有効なモデルだと思います。先に述べたように、すでに、エチオピアには多くのトルコ・中国・韓国の縫製工場が進出し、輸出拠点になりつつあります。

　そして４つ目が、新たなビジネスモデルの発掘と、実証としての進出です。

　アフリカでは今、新しいビジネスがどんどん産まれてきています。ご紹介した「Ｍ－ＰＥＳＡ」などもそうですが、とても日本ではできない。しかし、アフリカなら既得権益者が少なく、できることが多いのです。

規制や既得権益でがんじがらめの日本や先進国ではなく、面白いベンチャーがアフリカから商用サービスを始めています。先進国のベンチャーが、アフリカでも同時に商用サービスを始めている。金融、医療、ドローン、ＭａａＳなど、規制が厳しい分野、ＡＩなど実証データが多く必要な領域では、大きな可能性を秘めていると思います。

また、貧困層が多いのもアフリカです。「貧困の撲滅」というＳＤＧｓの第一項目はまさにアフリカのコアテーマであり、ソーシャルベンチャーやソーシャルイノベーションが起きている現場でもあります。

ここでは、ゼロから自分たちが事業を起こすのではなく、すでにある既存のベンチャーに投資する。既存のファンド経由で投資を行い、情報収集を行い、そこから直接投資していくのもいいでしょう。

この4つの中で、今、最も盛り上がりを見せているのは、4番目です。5年程度の中期で見てみれば2番目も有望。一部の業界では3番目も有望です。最近は、日本の大手商社や事業会社も4番目を始めています。近年、ＪＥＴＲＯも4番目を推しています。

「カネカ」と「味の素」の成功実例に学ぶ

アフリカに進出している約５００社の日本企業のうち、自動車関連や大手商社を除くと、最も成功している企業といえば、すでにご紹介したカネカになると思います。アフリカで圧倒的なシェアを誇るウィッグ素材「カネカロン（Kanekalon）」を提供している企業です。

企業全体の売上高は6015億円（2020年3月期）。鐘淵化学工業として創業。繊維や化学原料、食品、医薬品、太陽電池などを幅広く製造する、大手化学メーカーです。既存事業の超高熱伝導グラファイトシートがスマホや車載向けで成長。そして、合成繊維の「カネカロン」がアフリカ向けのヘアウィッグで成功。アフリカ中近東を含む売上比率は1割弱ですが、今後、その比率を拡大させていく計画のようです。

そしてもうひとつ、アフリカで成功している企業としてご紹介しておきたいのが、味の素です。現地の消費者から大人気。一般層の人たちからも受け入れられている。商品は、あの「味の素」です。特にナイジェリアでは大きく成功しています。

先ほど述べましたが、西アフリカはスープ文化です。ヤギや羊、野菜などを入れて煮込む料理がメインです。味の素を入れると、アミノ酸ですから、おいしくなります。さらに栄養価も上がります。また、固い肉もアミノ酸で煮ると柔らかくなるそうです。おいしくなって、栄養も摂れて、肉も柔らかくなる。これが人気の要因です。

東南アジアでもそうですが、味の素をザバッと鍋に大量に入れるのです。日本人の使い方とは全く違う。スープのだしのように使っています。

味の素は、さらに東南アジアで成功したモデルをナイジェリアにも導入しています。その1つ目が、現地のキオスク（パパママショップ）での小分けパッケージ販売。インドネシアなど、東南アジアでやっていたことをそのままやっているともいえますが、1パック単位で売るのです。5g入りで1個3円ほど。個人経営のパパママショップがアフリカにはたくさんあるのですが、こういうところで売るのです。

上位1~2割ほどの高所得者は近代型スーパーで買い物をすることが多いのですが、5~8割を占める中・低所得者はこうしたパパママショップで主に買い物をします。高単価では買えない。そこで、単価を下げるため、小分けにして売るのです。

東南アジアでは、ユニ・チャームや大塚製薬も小分け販売で成功しました。生理用ナプキンも日本のように24個パックとかではなく、1個単位で売る。営業部隊を組織化し、自転車部隊・バイク部隊などでパパママショップを訪問し、商品を並べてもらう。

注文が入ると品物を運んだり、代金を回収したりする業者がいます。1坪のパパママショップで3~5社くらいの業者を使っていて、おおよそ週2回納入。そのタイミングで資金も回収する。こういう中小卸を組織化して、物流と回収を実施していく。ベーシックな調味料の味の素に加えて、ローカライズした商品も販売しています。

そして2つ目が、離乳後の栄養補強の目的で販売していくことです。貧しい地域の赤ちゃんは、栄養が不足したり、偏ることが多々あります。味の素はアミノ酸ですから栄養補強になります。これにより幼少期から、味に親しんでもらう効果もあると思います。

味の素のアフリカ進出は1991年。約30年前に、ナイジェリアに包装工場を設立したところか

日本の中堅・中小企業によるアフリカ進出事例

トロムソ	コア商材に絞って低価格化も実現の上、ニッチ領域で着実に収益化	もみ殻の固型燃料化
中和機工	日本で培った環境対応や廃棄物処理の技術をローカライズして提供	ゴミ焼却炉
レキオ	製品をローカライズ、低価格化を実現し、さらに運用上で専属のエンジニアが不要	超音波エコー
サイサン	現地パートナーに出資し、デジタル技術と販路を獲得	LPG 供給、スマートメーター
BMC インターナショナル	現地の税収課題に着目し、先進国のノウハウ・製品を発展途上国でも展開	徴税システム
ポリグル	現地女性人材を活用したビジネスモデルを構築	水の浄化剤
トヨトミ	環境にやさしい製品提供と現地パートナーを活用した OEM 生産	クリーン調理器
音羽電機	ABEイニシアチブからニーズを発見、ニッチトップ技術を活用して解決	雷対策／避雷針
丸善製茶	欧州市場をターゲットにパートナー企業（モロッコ）と連携	製茶工場、欧・中東輸出
BE FORWARD	ネットを活用した B2C 販売の仕組みと、前払い、一括支払いによる高い回収率で成功	中古車のネット販売

出所：AAIC 作成。

ら始まります。2011年にエジプト進出。2012年コートジボワール進出。翌年に包装工場稼働。2014年カメルーンとケニアに支店を設立。

そして2016年には、アフリカで36カ国の販売網を持つ大手加工食品メーカー「Promasidor Holdings」に出資。アフリカでの生産拠点と販売網を強固にしています。

味の素はガーナ政府やガーナ大学、JICAと共同で「ガーナ栄養改善プロジェクト」を実施。国民健康改善プログラムも推し進めています。現在は、収益貢献する事業としてではなく、国連やWHOと連携する形で基金を通じ、社会問題として取り組みを進めています。

大企業のみならず、中堅・中小企業のアフリカ進出もじわじわと増えています。代表的な企業を表にまとめてみました。先に紹介した「BE FORWARD」など、大成功する企業も出てきています。

日本人シングルマザーがルワンダのタイレストランで大成功

私たちの拠点のあるルワンダで、日系企業で最も成功しているのではないか、と言われている繁盛店を作った日本人がいます。タイ料理店「アジアンキッチン」を立ち上げた、唐渡千紗さんです。

先に少し触れましたが、彼女はルワンダ・ナッツのCEOの原田のリクルート時代の後輩です。シングルマザーになったとき、原田に相談し、ルワンダでビジネスをすることになったそうです。

前述のように「子育てはルワンダがいい」と。ルワンダならメイドが月5000円（2016年当時）なのです。しかも、家事から、学校の送り迎えまでしてくれる。自分はフルタイムで仕事ができる。

生活費も安い。家賃も5万~8万円出せば、安全でいいところに住める。食事は材料費が安いので、食費も安くできる。

こうして子供を一人連れてキガリにやってきた唐渡さんは、いろいろと検討した上で、ルワンダ初のタイ料理のお店を始めます。飲食業の経験はゼロです。しかし、自分で勉強し、レシピを作り、ゼ

アジアンキッチン

ロから始めたのです。

レストランですから、店員を雇わないといけません。現地に近代的なレストランは限定的です。ですから、雇ったルワンダ人は、みんな初めてレストランで働く人ばかりです。というより、初めてレストランというものを体験した人ばかりだったそうです。

それこそ、お客さんが来たらすぐに注文を取りに行く、ということも経験したことがない。そこから教えなければならなかった。

厨房も大変です。「下ごしらえをしておいてね」とまず玉ねぎを切るように言っても、用事で2時間ほど店を外して戻ってきたら、玉ねぎだけが山のようになっている。「切っておきました、マダム」という具合です。2時間ずっと延々、玉ねぎだけを切っていたそうです。「下ごしらえ」も初めてなので、すべてをしっかり説明し教育していくことが大事なのです。

計量も計測も初めて。秤もタイマーも初めて使う。だから、そこからしっかり教えないと目分量で材料や調味料を入れてしまう。こういうところから、始めなければいけませんでした。

しかし、彼女はクレド（会社の信条）を作り、みんなでそれを大事にしていこうと毎日朝礼をし、注文の取り方を教え、厨房での料理の仕方を教えていきました。やがて、レストランは評判になります。おいしくて、笑顔ですぐに注文を取りに来て、店員のサービスも良く、注文した料理が早く出てくる。会計も明瞭、こんなレストランが、キガリには少なかったのです。それほど時間が経たないうちに、大繁盛店として知られるようになりました。私はルワンダに行くと、必ず彼女の店に立ち寄るようにしています。

もちろん大変なこともたくさんあったようです。しかし、お店は繁盛。お子さんも元気に成長しているそうです。

詳しいことは、「アントレアフリカ」というウェブサイトや『ルワンダでタイ料理屋をひらく』（左右社）という本に詳しく出ています。興味のある方は、ぜひ検索して読んでいただければと思います。

当たり前が当たり前ではないからこそできること

アフリカには、先進国には当たり前にあるものが、まだまだありません。レストランでは、笑顔での接客や、早く注文の品を出す、などが大きく支持を得ました。アフリカでは、当たり前が当たり前ではないのです。だからこそ、できることがたくさんあります。

今、アフリカで成功しているビジネスは、そこができているものが多いと感じます。アフリカの真のニーズに気が付くこと、それを商品化・サービス化すること。さらに当たり前のことを当たり前として実践すること。

そして、今後は幹部／マネジャーを育てなければなりません。真面目に注文を取ったり、厨房で黙々と調理をすることは、教えていけばできるようになります。しかし、人を使う人、管理ができる人を育てるのは、簡単ではない。しかし、これができなければ、事業は大きくなっていきません。

日本の最大の強みは過去の成功例を知っていること、そして「当たり前」のレベルを知っていることです。すなわち、日本の1960年代、70年代、80年代で起きたことが起きる。日本では「当たり前」のことをちゃんとできる仕組みを作り、しっかり教育していくということです。

あとよくある質問に、どうすればアフリカに第一歩を踏み出せるのか、というものがあります。これは簡単です。まず、ぜひ一度アフリカを見に行けばいいのです。どんなところなのか。どんな人がいて、どんな暮らしをしているのか。どんな会社があって、どんな店があるのか。

今は新型コロナで移動が制限されていますが、新型コロナが終息したら、ぜひアフリカを旅行してみることをお勧めします。最初は、東アフリカでいいでしょう。ケニア、ルワンダ、タンザニア。ケニアにはサファリもあります。気持ちのいい「毎日、夏の軽井沢」の気候も体験してもらいたいと思います。

旅行会社が主催するツアーや勉強会も数多くあります。こういうものに参加してみるのもいいでしょう。

それこそ若い人であればインターンもある。私たちのルワンダ・ナッツ・カンパニーでも、唐渡さんのアジアンキッチンでも毎年、複数のインターンが働いています。みんなアフリカを経験して、日本に戻っていく。皆さん大きな刺激を得るようです。

それ以外でも、アフリカに関わるセミナーやオンラインセミナーは、日本でもたくさん開かれています。アフリカ情報が掲載されたウェブサイトも多くある。そこから接点を持つのも、ひとつの方法です。

本書で紹介した企業や若者が活躍しているアントレアフリカのウェブサイトを見るだけでも、きっとワクワクしてくると思います。そこには、知られざるアフリカの姿があるからです。多くの人に、もっともっとアフリカを知ってもらいたいのです。

アフリカ・ファクトフルネス⑩の答え

問1 ナイジェリアで大人気の「味の素」の小分け一袋の値段は？

①３～５円

問2 アフリカに進出している日本企業の数は？

②４５０～５５０社

おわりに

ケニアのナイロビから小型のセスナ機で40分。降り立つのは、広大な国立公園の中にある飛行場。その近くに、ヨーロッパの人たちがよく訪れるサファリ・リゾートがあります。

標高は1500mほど。それこそ、東京に暮らす人たちが軽井沢に行くように、ヨーロッパの人たちはケニア郊外のサファリ・リゾートに行くのです。少し足を延ばすと、ビクトリア湖があります。

私もときどき行くのですが、最も好きなのは、マサイマラという地です。高台に立ったホテルからは、目の前に広大なサバンナが広がっています。サバンナの心地よい風がいつも吹いています。

早起きをした朝、心地よい風と森の香り、鳥のさえずりが聞こえる中で、朝食を食べ、コーヒーを飲んでいると、なんて素晴らしいところに来たんだと心がワクワクしてきます。

あまりに心地いいので、私は何度も訪れることになったのですが、とにかくいつも気持ちがよくて、エネルギーを受けている気がするのです。

やがて、どうしてこんなに気持ちがいいのか、はっきりとわかりました。私たちの祖先は、ここで生まれたからです。

人間の先祖は、約300万年前のアフリカにいたアウストラロピテクス・アファレンシスだと言われています。まさに、彼らがかつて住んでいたのが、東アフリカ一帯だと言われているのです。そこは、私たちの太古の故郷なのです。その地で、サルから毛のないサルに進化したようです。

それこそ、裸になって過ごしたいくらいに気持ちが晴れやかになれます。

私は多くの人をアフリカに招いていますが、できる限りこの場所を体験してもらうようにしています。そしてこの地に来た人のほとんどが、どうしてこんなにワクワクする気持ちになるのか、と驚きます。なんだかエネルギーをもらえた、と。

私たちには、祖先のDNAがしっかりと刻み込まれているのです。この地の快さを、本能がつかんでいるのです。我々はここから来たのだと、本能的に実感できる。この感覚を、一人でも多くの人に味わってもらえたら、と思っています。

そしてアフリカ人と一緒に仕事をして感じるのは、彼らの身体能力の高さと持続力です。ガーナでローカルのパン屋を居抜きで買い、パンを作っている若い日本人がいます。彼のガーナでのパンづくりの現場を動画で見たのですが、そこでもアフリカ人の身体能力を再確認しました。

日本のように機械化された環境はないので、手作業でやる肉体労働がほとんどなのです。驚くほど長時間、アフリカ人たちは黙々と働くのです。重い荷物も、へっちゃらです。平気な顔をして、大変な作業を続けている。

ルワンダ・ナッツの畑でも、苗木を植える穴を掘ったりする作業のとき、日本人なら1つ2つでへトヘトになるのに、彼らは数時間ずっと無数の穴を掘っていても、全く疲れた顔をしない。もしかすると、アフリカという地が人間を元気にしているのかもしれません。

アフリカに行くと、五感が研ぎ澄まされます。アフリカに行くと力が出てくる、と語る若い人はとても多いです。他の場所にはない何かが、ここにはあります。

本書の制作にあたっては、古くからの親友であるブックライターの上阪徹さんに大変お世話になりました。この場を借りて、御礼を申し上げます。また、多くの分析を助けてくれた弊社の難波昇平さん、半田滋さん、石田宏樹さん、星野千秋さん、一宮暢彦さん、小野沢理香さん、鷲見良子さん、アフリカに導いて頂いた佐藤芳之さんには感謝の言葉しかありません。

最後に、丈夫な体と能力を授けてくれた両親と、いつも仕事でも家庭でも、多大な支えとなってくれている妻の恵里子に深く感謝を捧げたいと思います。

アフリカという成長市場に、日本がコミットできますことを。

２０２１年４月

椿　進

【著者紹介】
椿　進（つばき　すすむ）
Asia Africa Investment and Consulting（AAIC）代表パートナーを務めるアジア・アフリカのスペシャリスト。東京大学教養学部卒業。ボストンコンサルティンググループ（BCG）のパートナー・マネージングダイレクターとして、事業戦略、M&A戦略、新事業立ち上げ、グローバリゼーション等のプロジェクトを実施。2008年に現AAICを創業し、代表パートナーに就任。中国・東南アジア・インド・中東・アフリカ等の新興国において、新規事業育成、市場参入支援等をコンサルティングと投資を通じて実施。日本初のアフリカ・ファンドも運用。ルワンダでは東京ドーム40個分の広さのマカデミアナッツ農園も手がけている。執筆、講演多数。後進の育成にも力を注ぎ、ビジネス・ブレークスルー（BBT）大学大学院教授として新興国ビジネス事例研究を教えている。

超加速経済アフリカ
LEAPFROGで変わる未来のビジネス地図

2021年6月10日　第1刷発行
2021年7月8日　第2刷発行

著　者――椿　進
発行者――駒橋憲一
発行所――東洋経済新報社
〒103-8345　東京都中央区日本橋本石町1-2-1
電話＝東洋経済コールセンター　03(6386)1040
https://toyokeizai.net/

装　丁…………井上新八
D T P…………次葉
編集協力………上阪　徹
印　刷…………ベクトル印刷
製　本…………ナショナル製本
編集担当………水野一誠

ISBN 978-4-492-21247-9